Era apenas um presente
para o meu irmão

Bruno Ribeiro

Era apenas um presente
para o meu irmão

A Barbárie de Queimadas

todavia

Este livro é baseado em diversas fontes, incluindo autos da Justiça, documentos, notícias de jornais, blogs, sites e entrevistas que realizei pessoalmente, por telefone ou WhatsApp. Mais de cem pessoas foram entrevistadas, entre elas policiais, advogados, amigos, familiares, pessoas que tinham conhecimento da Barbárie de Queimadas e até mesmo algumas vítimas. Além disso, todas as conversas que tive em Campina Grande, Queimadas, João Pessoa e Rio de Janeiro foram utilizadas como referência. Por questões de privacidade, alguns nomes foram alterados ou omitidos.

O tempo é a escola na qual aprendemos.
O tempo é o fogo no qual ardemos.

Delmore Schwartz, "Calmly We Walk through this April's Day", *Selected Poems (1938-1958)*

Com surpresa descobriu que o conhecia profundamente.
Apenas superficialmente é que o desconhecia.

Clarice Lispector, *A maçã no escuro*

Prólogo 11

Parte 1

Uma cidade familiar 15
Aristocracia falida 18
As meninas de Fátima 21
"Ele dava bom-dia para as velhinhas" 25
"Eles não pensavam que era tão errado" 30
"Ela nem deveria estar lá" 34
Esquecer 38
Onde você estava? 40
Sonâmbulas 66

Parte 2

Chamado ao terror 73
Espinha de peixe 85
Reconstituindo os fatos 106
"Vai morrer, vai morrer!" 110
Veredicto 116
Guerra fria 126
Luto em luta 133

Parte 3

A mãe da menina da Barbárie 141
Morrendo em vida 143
Judas errante 153
Você faz parte dessa história agora 161

Parte 4

Shakespeare no agreste 171
O cemitério dos cachorros 180
"Perdão é uma palavra que não conheço" 184
"Eu me envolvo muito" 189
Peças do projeto 194

Parte 5

O melhor galeto da Rocinha 207
Zé Velho 211
"É tudo uma grande coincidência" 213
Amarga hora 216
Apesar de tudo é o meu filho 229

Parte 6

Uma década de luta 237
Acidentes esperando para acontecer 250
Escola do fogo 252

Posfácio: Realismo insuportável 257
Agradecimentos 261

Prólogo

Cidade de Queimadas, Paraíba. A madrugada do dia 12 de fevereiro de 2012 caiu em um domingo. No sábado, Luciano dos Santos Pereira comemorava mais um ano de vida em um churrasco na sua casa, organizado por seu irmão, Eduardo dos Santos Pereira, que tinha em mente um presente inesquecível. Para realizá-lo, no entanto, Eduardo precisaria de muitos homens dispostos. Então convidou José Jardel Souza Araújo, Fábio Ferreira da Silva Júnior, Ewerton José da Silva, Luan Barbosa Cassimiro, Abraão César da Cunha, Fernando de França Silva Júnior, Diego Rêgo Domingues e Jacó de Sousa.

Na noite do churrasco, quatro homens encapuzados invadiram a casa dos irmãos, apagaram as luzes, agrediram e amarraram os convidados no que pareceu um assalto. Cinco mulheres foram levadas para um quarto e violentadas. Exceto por Lilian Maria Martins da Silva e Sheila Barbosa Calafange, as respectivas companheiras de Eduardo e Luciano, todas as mulheres presentes foram submetidas à violência. O ataque fazia parte do plano arquitetado por Eduardo para "presentear" o irmão com um estupro coletivo. Os dois desejavam algumas daquelas mulheres, e a festa de aniversário seria a oportunidade ideal para obtê-las. Mas o plano não saiu como o esperado.

As convidadas Izabella Pajuçara Frazão Monteiro, professora, e Michelle Domingos da Silva, recepcionista, reconheceram Eduardo mesmo de capuz e, enquanto eram estupradas, imploravam ao amigo para parar. As súplicas levaram o organizador da festa a posteriormente executá-las a tiros. E não só. Além das duas, Eduardo, Luciano e oito homens também estupraram mais três mulheres: Joelma Tavares Marinho, Lucivane Bernardino da Silva e Pabola das Neves Frazão Monteiro, conhecida como Pryscila, irmã de Izabella. Elas sobreviveram.

Outra irmã de Izabella e Pryscila, Isânia Petrúcia Frazão Monteiro, que não estava no aniversário de Luciano, relata, com o semblante duro, olhos grandes e despertos, a tragédia que sua família sofreu na madrugada de 12 de fevereiro de 2012, quando ocorreu o episódio conhecido nacionalmente como a Barbárie de Queimadas: "Muita gente na cidade não queria que a notícia vazasse, então começaram a se incomodar com a minha presença nos lugares, na mídia, nos jornais. Mas eu nunca iria me calar, jamais". E até hoje, nem ela nem a irmã sobrevivente se calaram.

Parte 1

Uma cidade familiar

Queimadas não é uma terra de grandiosidades. Localizada no agreste paraibano, a 133 km da capital João Pessoa, a cidade fica em uma região marcada pela chegada do gado ao interior da Paraíba, no século XVIII, e por seu rico patrimônio cultural, riqueza de vegetação, sítios arqueológicos pré-históricos, edificações antigas e uma paisagem com céu azul estourado, muitas vezes sem nuvens. Há em Queimadas uma aparência pesada de cidade plana, sem construções altas. O horizonte limpo permite que seja vista de longe do alto das diversas pedras que a contornam, uma congregação de rochas que servem também de ponto turístico. Quem vem de Campina Grande, consegue ver as pedras em sua plenitude: grandes e pequenas, muitas desafiam a própria gravidade se equilibrando em morros pequenos, pedaços mínimos de terra. Das montanhas rochosas mais conhecidas há a Pedra do Touro, Pedra do Cachorro, Caverna da Loca, Itacoatiaras dos Macacos, entre outras. Com uma média de 40 mil habitantes, sendo metade dela vivendo na área rural, Queimadas está em primeiro lugar no ranking de maior população rural do estado na frente das mais conhecidas zonas de Baixa Verde, Castanho de Baixo, Pedra do Sino, Malhada Grande, Olho d'Água, Zé Velho, Zumbi.

O vazio na área urbana da cidade, tão pequena, apertada, meio abandonada e insólita torna Queimadas uma paisagem curiosa. Talvez por ser tão diminuta, a área urbana da cidade parece estar dentro de um buraco. E a metáfora não é à toa, já que a cidade realmente fica dentro de um enorme buraco, rodeada de pedras, seca, verde escasso, natureza agreste.

É um local de passagem, uma cidade fronteiriça. A rodovia BR-104 corta a cidade inteira, permitindo que ela se desenvolva no seu entorno e seja ligada às inúmeras outras cidades circunvizinhas de Campina Grande e região. Os viajantes param para descansar nas pousadas à margem da BR e se refrescar em barzinhos. Na entrada da cidade já vemos os diversos caminhões estacionados, atraídos pelo pernoite mais barato que em Campina Grande; há veraneios, vans e kombis que fazem diariamente as viagens para cidades próximas. Moto-taxistas também encontram um canto de vigília até seguirem destino. Queimadas é transição: as pessoas fazem o que querem e vão embora.

Dentro do buraco, da rota, dos faróis de veraneios, do tumulto da entrada e por dentro do totem vertical e azul escrito Queimadas, passam-se as vidas na cidade das pedras, do trabalho e da superação.

Queimadas esconde muitos dos seus problemas, mas é um local com "potencialidades", como afirmou o prefeito eleito em 2020, José Carlos de Sousa Rêgo, conhecido como Carlinhos. Sua família tem dominado a política local por muitas décadas, desde que o pai, Tião do Rêgo, assumiu a prefeitura local. Essa manutenção de poder torna difícil para um candidato sem o apoio dos Rêgo conseguir se eleger na cidade. A família Maciel é a principal adversária, rivalizando desde a época de Assis Maciel e do pai de Carlinhos. As complexidades de Queimadas e dos próprios Rêgo são difíceis de entender para quem é de fora, e poucos cidadãos têm coragem de falar em público contra eles. Isso porque a violência nesta terra bruta, incluindo a Barbárie, bem como vários casos de estupro e outros crimes, estão intrinsecamente ligados à política, ao poder, ao abuso e ao machismo presentes.

Um dos familiares mais próximos de Izabella Pajuçara Frazão Monteiro, uma das vítimas fatais da Barbárie de Queimadas, é George Paulino (nome fictício), seu primo. Paulino, um jovem alto, sorridente, esguio e que não abaixa a cabeça para ninguém, era considerado um dos melhores amigos de Izabella e sempre precisou lidar com o preconceito da cidade por causa de sua orientação sexual. Ao ser entrevistado, disse que há anos em Queimadas existe um ódio patente contra as mulheres, antes mesmo de a família Rêgo existir:

> Esse ódio contra as mulheres em Queimadas pode ter surgido do fato da primeira prefeita da Paraíba ter sido daqui. Na época, os homens batiam de frente com essa prefeita e odiavam o fato de serem mandados por uma mulher. Este primeiro passo de Queimadas, vanguardista, fala muito do recesso que veio em seguida: a cidade avançou demais na hora errada.

A professora Maria Dulce Barbosa, reconhecida em todo o país por ter sido a primeira prefeita eleita na Paraíba e a terceira do Brasil, teve o seu mandato em Queimadas entre 1963 e 1966. Assim como ela, Izabella Pajuçara Frazão Monteiro, conhecida pela população como Ju (por causa do sobrenome Pajuçara), estava alguns passos à frente de muitas pessoas da cidade. A morte de Izabella, aos 27 anos, e a de Michelle Domingos da Silva, 29 anos, outra vítima da Barbárie, foram crimes cometidos contra mulheres queimadenses que "avançaram demais na hora errada", ou seja, bateram de frente com o poder.

Aristocracia falida

Em uma cidade com pouco mais de 40 mil habitantes onde o centro urbano é pequeno, presume-se que todos eram conhecidos. Eram vizinhos, familiares, amigos de sentar na calçada e botar os papos em dia. Izabella, a Ju, era popular, querida e invejada por homens e mulheres. Entre os queimadenses entrevistados, a tônica do discurso sobre ela era a de insistir no quanto algumas pessoas a invejavam. Enfatizavam também a grande quantidade de segredos que precisava manter para sobreviver. Quando conversei com Maria de Fátima Frazão Monteiro, mãe de Izabella, Isânia e Pryscila, suas irmãs, as três registraram de modo bem efusivo o quanto Izabella era admirada.

"É normal que Isânia tente reforçar a imagem de Ju como a menina de família, mas eu conheço a Ju que ela tentava não mostrar pra família", disse Lorena de Barros Santos, uma conhecida dos Monteiro, reforçando de modo lacônico os diversos depoimentos sobre Izabella ter vivido com suas próprias pernas, curtindo suas festas, sendo financeiramente independente e conseguindo sair daquele marasmo típico de uma cidade pequena.

Izabella tinha condições de viver desse modo, pois sua família, a conhecida Monteiro de Queimadas, é um clã de "aristocratas falidos", de acordo com um de seus primos entrevistados. O sobrenome "Monteiro" é tão forte que dispensa qualquer outra apresentação para os integrantes da família em Queimadas.

A mãe de Lorena reafirma e bate no peito pela amizade com os Monteiro: "Gente forte e de brio".

O finado patriarca da família Monteiro, nascido em 1917 e falecido em 2001, seu Antônio Alves Monteiro, no passado foi vice-prefeito de Queimadas e fundador do primeiro posto de gasolina, supermercado e farmácia da cidade. Junto da sua também finada esposa, a matriarca Maria Alves Ribeiro, nascida em 1919 e falecida em 1980, tiveram dezesseis filhos, entre eles Petrônio, o hoje falecido pai de Izabella, ex-marido de Maria de Fátima Frazão Monteiro.

Todo o percurso da família Monteiro e os negócios tocados pelo patriarca Antônio Monteiro fizeram com que o potencial e o nome da família crescessem, tornando-se uma das mais importantes da região. Eles tinham tudo para serem tão ricos quanto os Rêgo, os Lucena ou os Maciel, mas o legado dos Monteiro não durou tanto tempo. Familiares afirmam que a derrocada se deu porque o patriarca privilegiou os homens da família e não as mulheres. Todas elas foram colocadas para casar muito cedo, como se para "se livrar delas logo e economizar dinheiro". Uma das filhas se casou aos treze anos.

A primogênita dos dezesseis irmãos, Severina Monteiro, tinha 85 anos quando esta reportagem foi feita, e recorda do pai com grande alegria, dizendo que "foi um grande homem a quem devo muito". Ela lhe agradece por ter recebido seu suporte quando foi abandonada pelo marido com três filhas para criar. Graças à sua influência política na época, Antônio arrumou um emprego de técnica de enfermagem para a filha Severina. Segundo Isânia, a "tia Severina é a nossa ligação com painho".

Entretanto Severina não foi a única auxiliada. Antônio buscava dar suporte aos dezesseis filhos da forma que podia e conforme à época achava certo. Dava mercadinho para um, farmácia para outro. Petrônio mesmo ficou com um caminhão para começar sua vida e logo se casou com a filha de Durval e

Maria das Neves Frazão: Maria de Fátima Frazão. Juntos, tiveram sete filhos, entre eles quatro mulheres: Izabella, Isânia, Poliana, Pryscila. Esta última, na verdade, se chama Pabola das Neves, porque Petrônio foi ao cartório registrá-la como Pryscila, mas na hora decidiu escolher outro nome. Os filhos homens são Petrúcio e Durval.

Ainda como uma forma de manter o nome Monteiro forte e com o respeito que ele impunha no passado, os filhos de Petrônio e Fátima sempre andavam bem cuidados, arrumados, e Izabella se destacava entre eles, por ser a mais vaidosa, gostar de perfume e roupas de qualidade. A mãe de George Paulino, quando ele saía muito arrumado de casa, dizia: "Parece até que é filho de Fátima Frazão".

O dono de um salão cabeleireiro local, enquanto cortava meu cabelo e depunha para a reportagem, afirmou: "Quando a Ju vinha com as irmãs, principalmente Pryscila, o povo até dizia 'eita, lá vem as filhas de Fátima', porque elas tinham fama de serem muito abusadas aqui, sabe".

Já para colher o depoimento de Fátima, ela adiou três vezes o nosso encontro por não estar "arrumada o suficiente". Mesmo se eu garantisse que não mostraríamos o vídeo da entrevista para ninguém, Fátima negava e tínhamos que voltar depois. Quando enfim voltamos para conversar, ela dizia "não pega da cintura pra baixo, porque eu estou muito gorda", ou "ajeita a cadeira, bota essa planta aqui, do meu lado, vamos fazer algo bem bonito em homenagem a Ju". Eu e minha assistente brincávamos, dizíamos que ela era a nossa diretora de arte. Ríamos bastante, e ela adorava a forma leve como tentávamos conduzir a entrevista. "Olha, desculpa, é que eu gosto de um enfeite", dizia Fátima. E nós adorávamos que ela conseguia ainda rir, mesmo lidando com algo tão difícil como o assassinato de Izabella.

As meninas de Fátima

"Em Queimadas se sabe que os familiares crescem juntos, principalmente famílias grandes. Os primos crescem praticamente como irmãos, e todos os primos são muito unidos na nossa família. Gostavam de Izabella", diz um membro da família Monteiro que não quis se identificar.

Todos eram próximos. Aí tinha isso de filho de um passar um mês na casa de outro e vice-versa, essas coisas. E por conta desse grude todo, os familiares pensam que têm o direito de mandar na vida um do outro, sabe? Até um carro que você compra o povo quer dar opinião. Então a morte da Ju quebrou essa união. Foi muito pesado, e a família foi se dissolvendo.

"Ju era o brilho dessa família", diz Poliana, sua irmã.

Quando ela se foi tudo murchou. Como uma coisa dessas poderia acontecer bem com ela, nosso xodó? As festas de São João que fazíamos todos os anos, com fogueiras altas, tão altas que chegavam até lá no céu, isso deixou de ter por aqui. Deixamos de nos reunir. Acabou com a família.

Outros depoimentos acerca de Izabella e de sua vida eram unânimes em apontar que ela era dedicada à família e muito amorosa. Além disso, narram que ela era professora do estado, do município, do colégio Ernestão, formada em química, tinha mestrado em engenharia química, especialização em meio ambiente. Os conhecidos ressaltam que antes de falecer, Izabella teria passado num concurso em primeiro lugar para professora da Universidade Estadual da Paraíba. Todos, sem exceção, têm orgulho em dizer e reiterar isso constantemente, pois sabem o quão difícil é passar em um concurso público e como isso mudaria a vida não só de Izabella, mas de toda a família, para a qual ela sempre fornecia suporte financeiro.

George Paulino afirma que até hoje, quando aparece uma lembrança dela nas redes sociais, ele sofre. Entre risos e lágrimas, conta:

> Ju era vívida, amava cuidar dos seus cabelos loiros, de si, era potência pura, vivia loucamente, vivia com paixão: parece até que sabia que sua vida seria curta. Ju não perdia nenhuma festa. A festa de Reis aqui de Queimadas que acontece em janeiro… Nossa, íamos sempre. Curtimos muito essa vida. E ela trabalhava pra ter o sustento dela. Tinha um guarda-roupa enorme, uma vida bem estabelecida. E olha, Ju teve muitos homens com bens interessados nela, mas ela nunca foi dessa *vibe*. Ela nunca precisou e isso despertava muita inveja, as pessoas a chamavam de metida. Para algumas pessoas até eu sou metido, só porque saí da cidade, tô em Campina Grande… Aí o povo já chama de metido. Ju era considerada metida só porque não se abria pra qualquer um e era independente. Isso para uma cidade como Queimadas… Vixe, é como um crime. Em Queimadas, o certo é a mulher terminar o ensino médio, casar com um cara que trabalha na Alpargatas, aí ele compra um lote, faz uma casa, e a moça precisa ser servil a ele… Ju sofria muita pressão, sabe? Povo ficava falando: 'Já tem 27 anos e não casou?'. O padrão de Queimadas é casar

com vinte anos. Sempre achei isso um asco, um absurdo. 'E ela anda toda arrumada assim pra quem?', perguntavam. Um nojo esse povo.

É possível perceber pela história de Paulino que Izabella era bem diferente dos seus irmãos e irmãs, e isso era notável dentro e fora da família. Esse seu lado sociável nunca foi uma característica dos irmãos homens, por exemplo. Petrúcio herdou o ofício do pai e trabalha como motorista; Durval não define com o que trabalha, mas já foi preso por tráfico e é muito fechado e tímido. Ambos falam pouquíssimo e são bem sérios. A irmã Poliana é o total oposto: apesar de ter seguido carreira na mesma área de Izabella e ser professora do ensino médio, é muito tímida. Isânia se tornou mais sociável e ativa depois do crime, e assumiu uma posição de confronto que foi e é essencial para as mudanças na cidade de Queimadas.

Já Pryscila, a mais jovem da família, é alta, desafiadora e austera, com longos cabelos pretos parecidos com os da irmã Isânia. Uma espécie de lado punk dos Monteiro, alguém que nunca se submeteu facilmente ao que diziam que era certo.

Sobre a filha caçula, Fátima dizia: "Pryscila é muito fechada. Ela não gosta de falar do crime. Quase foi morta no dia. As outras mulheres sumiram do mapa, a Vânia e Joelma, mas ela continuou andando pela cidade, tava nem aí. Essa força dela mais ninguém da família teve. E ela foi uma das que mais sofreram lá na casa daqueles irmãos".

Quando entrevistei Fátima, Pryscila trocou algumas palavras comigo. Bastante franca, afirmou: "Odeio falar com o povo porque eles vêm pra cá e ficam todos tristes. Teve um que veio e ficou chorando, aguento esses *pantim* não". Dei uma risada e vi que ela gostou. Pryscila não quer ser a vítima perfeita. Não é uma questão de não sofrer pelo que aconteceu, mas de sobreviver estando presa à eterna cena do crime.

Ela conta que após uns dias da morte de Izabella, pegou a moto da irmã, uma Honda Biz rosa que era seu símbolo, e saiu rodando Queimadas. Dirigindo o maior tesouro da irmã mais velha, Pryscila foi de cima a baixo, fazendo o que chama de "zoada", como se fosse um velório à sua maneira, em alta velocidade. A cidade não entendia o motivo de a menina estar rodando por ali depois do ocorrido, mas lá estava ela, mostrando sua carne, a moto, o féretro da irmã, todo seu luto a 120 km por hora, a fim de que todos vissem e não se esquecessem de Izabella Pajuçara Frazão Monteiro. Esfregando sua resistência na cara daqueles que a odiavam.

"Ele dava bom-dia para as velhinhas"

"Os meninos da cidade ficavam doidos com Eduardo, porque ele emprestava o carro para irem comprar coisa no centro. Imagina, pô, tu é um zé-ninguém e tá com um carrão, andando pela cidade... Isso aí para quem não tem nada é muito", diz Diego Buiú, advogado e militante de esquerda que precisa conciliar suas convicções políticas com o fato de ser membro importante da família Rêgo. Diego é primo de Doda, ex-prefeito de Queimadas e ex-deputado estadual. Também é primo de Carlinhos, atual prefeito, e dos irmãos dele, Preá e Socorro, filhos e herdeiros do patriarca Tião do Rêgo. Talvez para se distanciar mais dos familiares, Buiú assumiu uma aparência que foge do lugar comum de sua profissão e estirpe, se assemelhando mais a outros estereótipos. É careca, barbudo, magro, usa óculos de grau e tem uma oratória impecável, sem medo, como se nada pudesse atingi-lo. Nem mesmo os seus.

Em nossa conversa, Diego contou que conhecia os envolvidos na Barbárie de Queimadas e que Eduardo, o "mandante", assim como o irmão Luciano, eram muito desejados, admirados e também temidos. Ambos eram tidos como homens perfeitos e cheios de mistérios, Apolos poderosos, por serem considerados empresários cariocas. Eram filhos de pais queimadenses que fizeram a vida na Rocinha, comunidade da Zona Sul do Rio de Janeiro. Os irmãos fizeram o movimento contrário dos progenitores e, na adolescência, saíram do Rio de Janeiro para viver em Queimadas.

"Eram homens poderosos que ostentavam riqueza mesmo sem ter nenhum trabalho", disse Rubem (nome fictício), um vizinho dos irmãos Pereira. Segundo consta, diferente de outros cidadãos ricos que exerciam alguma atividade, Eduardo e Luciano eram homens que atraíam a atenção por causa dos carros de marca, motos, armas e mulheres, mas que não tinham profissões. "Admiravam eles porque eram bonitões e faziam festa semanalmente", diz Rubem.

Boa parte da população de Queimadas ainda tem muito medo de Eduardo e Luciano, que vem de origens anteriores ao próprio crime, desde histórias que narravam possíveis ligações dos irmãos com o Nem da Rocinha e com o Comando Vermelho. Dizia-se que já haviam assassinado outras pessoas, estuprado outras mulheres. Para Buiú, Luciano não chegava nem perto do carisma do irmão. E do perigo. Ele andava sempre ao lado de Eduardo como um braço direito, fazendo tudo que este pedia, era "um bobão". Pryscila fala sobre eles:

> Esse povo sempre tomou as rédeas daqui. Mandavam e desmandavam, e minha raiva hoje vem disso: era um crime anunciado. Em algum momento ia explodir algo com eles. Todos sabiam que esse povo mexia com coisa errada. O destino nada mais é do que a gente sentado, esperando o inevitável acontecer. E aconteceu. E tem certas coisas que podemos mudar, mas não queremos porque... Porque não queremos, porque as coisas são assim. Queimadas é assim.

Além da previsibilidade de cometerem qualquer tipo de crime, já que estavam envolvidos numa aura de ilegalidade, Eduardo e Luciano também tinham um histórico com os Monteiro. Isânia foi casada com Eduardo por oito meses no passado e, para algumas pessoas, incluindo a mãe delas, Fátima Frazão, isso foi fator decisivo para a interpretação de que o crime cometido por

Eduardo não foi acidental. Ele já tinha em mente estuprá-la e depois matá-la desde a elaboração do plano. "Michelle morreu porque estava na hora errada e no lugar errado, o alvo mesmo era Ju. Eduardo queria atingir Isânia, deixar ela ferida, mal, só por isso fez o que fez com Ju", afirma Fátima.

Sobre esse casamento, George Paulino conta:

Eduardo se casou com Isânia, saiu de Queimadas e voltou a morar no Rio de Janeiro com ela durante dois anos, depois ela voltou, sem muita explicação, entende? Dizem que Isânia sofreu muito no casamento. Ninguém sabe direito... Mas aí, depois de um tempo, Eduardo voltou para Queimadas. A casa dele era praticamente do lado da casa das meninas, mas ela sempre foi ali mesmo, ou seja, ele não se mudou para morar perto. Então começou a morar com o irmão dele, Luciano, e veio aquele papo de vamos ser amigos da família Monteiro, né, então vamos ser amigos. Uma normalização bizarra das coisas. Nunca entendi por que Ju ficou tão próxima dele, nunca.

Paulino continua a falar, atônito: "Isânia nunca quis falar sobre isso. E tinham coisas de Ju que eu não entendia. No fundo acho que ela se aproximou dele por segurança, sabe? Existem coisas muito sinistras por trás de tudo isso".

Ao conversar com algumas pessoas da família Monteiro, é nítido que muitos se solidarizam com Isânia e seu casamento com Eduardo no passado. Reforçam que ela passou por momentos difíceis. Algumas pessoas da cidade dizem que ela foi responsável por trazer Eduardo para o núcleo da família e, por conta disso, eles eram obrigados a manter a política de boa vizinhança. Uma parte considerável da família confabula que a morte de Izabella foi uma vingança de Eduardo contra Isânia.

A própria Isânia não discorre muito a respeito do tema:

> Prefiro não comentar, mas foi ruim. Ele me deixava muito sozinha lá no Rio de Janeiro, aí terminei voltando para Queimadas. Mainha não queria que eu voltasse, pois para ela "casou tem que ficar casada" mas eu voltei mesmo assim. Na época eu não entendia bem as coisas que ele fazia, eu ainda estava muito inserida na estrutura machista de "a mulher precisa obedecer a seu marido e pronto" e foi com o tempo que eu fui acordando e percebendo o quanto isso é errado.

Depois de alguns meses, Eduardo voltou também para Queimadas. "Não ia ficar inimiga dele, né? Morava ali perto mesmo, fazer o quê."

Quando falamos de violência contra a mulher, é preciso discernir suas mais variadas formas, como o controle e o abuso psicológico. Paulino já desconfiava dos irmãos cariocas, principalmente de Eduardo, desde que o conhecera. Ele relata:

> Quando eu saía com Ju e ela dizia que Eduardo ou Luciano queriam vir, eu já dizia não, que se eles chegassem eu ia embora. Para que sair com esse povo, Ju? Eu perguntava e ela só ficava 'ahn, primusco, eles são legais, deixa de coisa' e blá-blá-blá... E essa amizade entre eles era estranha, porque Eduardo ficava soltando cantadas em Ju. Brincadeirinhas de mau gosto... E para piorar tinha Lilian, a segunda esposa de Eduardo, que também é do Rio de Janeiro. Ninguém aguenta essa mulher. Enfim, Lilian forçava uma amizade com Isânia, com Ju, com Pryscila... Para você ver: Lilian levava comida lá na casa delas, vivia visitando dona Fátima, forçava a barra demais! Lilian tinha uma psicose com Ju porque ela sempre andava com Eduardo, entende? Teve um dia que Ju comprou uma Honda Biz novinha e

Eduardo comprou uma Honda Biz novinha para Lilian. Ju entrou para o inglês e Eduardo botou Lilian no inglês. Até o corte de cabelo de Ju Lilian copiava! Ou seja: era uma tragédia anunciada. Lilian invejava Ju porque sabia que Eduardo a desejava.

Ainda sobre o mandante do crime, o advogado Diego Buiú conclui:

Ele dava bom-dia para as velhinhas na rua. As coroas acharam tudo chocante que um bom moço desses pudesse fazer uma coisa dessas. Ninguém nunca ousou desafiar ou bater de frente com ele. Quando alguém vem de fora para Queimadas, principalmente do Rio de Janeiro, o povo aqui fica alvoroçado. Então, quando Eduardo chegou, as mulheres ficaram doidas por ele. O cara tem uma beleza padrão, sabia conversar sobre tudo, tudo mesmo! Era impressionante como ele circulava bem em todos os meios.

"Eles não pensavam que era tão errado"

"Não dá para botar todo mundo em um bojo comum", afirma Diego Buiú, que conhecia bem os participantes da barbárie. "Há leituras mais complexas e a nossa indignação foi seletiva também na hora da vingança", diz, focando a figura de Fernando de França Silva Júnior, conhecido como Papadinha. Fernando trabalhava em uma baia de cavalos que Eduardo mantinha próximo da sua casa, e era um faz-tudo dos irmãos Pereira, entre tantos outros jovens que eles manipulavam.

Segundo Buiú, Papadinha, o mais pobre entre todos os homens da festa,

> se tornou o pior dos rapazes, pior até que os irmãos! Terminou sendo a bucha de canhão, o boy pobre do rolê. Preto, fodido, filho do mundo... O mundo botou pra foder nele. É o papel que se bota nos boys mais fodidos: o de ser a bucha de canhão. Todos ali erraram, todos foram selvagens, mas a opinião pública ficou muito naquela de dizer que os irmãos fizeram algo atípico, assim como os outros rapazes. Já de Papadinha se esperava coisa do tipo, pois já tinha histórico de criminalidade. Ele tinha dois tipos de antecedentes: o que tá no sistema e o que tá nas ruas. Tem coisa que não aparece no processo, mas todo mundo sabe que fez. É o boy que faz 155, furto, que briga, que pega uma faca pra se defender.

Assim como Papadinha, outro culpado, José Jardel Souza Araújo, tinha o que Diego Buiú chama de antecedentes das ruas. Jardel foi aluno de Diego no programa Projovem (Programa Nacional de Inclusão de Jovens): "Ele fazia sua correria na vida para ganhar seus cinco conto e fumar alguma coisa. A ocasião faz o ladrão, no caso dele. Jardel já pode ter feito outras coisas... Mas nada oficializado... É outro que Eduardo conseguiu colocar ao seu lado, humanizar, sabe?".

Luan Barbosa Cassimiro e Jacó de Sousa também foram desses jovens "humanizados" pelo carioca. Ambos eram conhecidos na cidade, típicos queimadenses, curtiam beber com os amigos, sair, se divertir, e viam em Eduardo um exemplo a ser seguido, alguém que gostariam de ser no futuro. Ao contrário de Papadinha e Jardel, Luan e Jacó não tinham um histórico de criminalidade, mas eram próximos da família de Michelle e de Izabella. Ainda que não tivesse dinheiro, Luan gostava de se exibir, e à época do crime estava noivo. Já Jacó, apesar de não ter antecedentes criminais nem informais, tinha histórico de usar drogas e de ser problemático.

Os três menores de idade que participaram da barbárie também eram meninos conhecidos em Queimadas: Fábio Ferreira da Silva Júnior, chamado Júnior Pet Shop, era um grande parceiro de Eduardo e o via como um herói. Júnior vinha de família de classe média e, conforme antecipa o apelido, trabalhava em uma loja de artigos para animais de estimação em Queimadas. Já Ewerton José da Silva, conhecido como Ton, era filho de pais do comércio local. Garoto branco, alto, mimado, com "cara de leso". Ao perguntar sobre o terceiro garoto envolvido, Abraão César da Cunha, o advogado contou: "Abraão é filho de Rosa, que trabalhou um tempo no setor público. Então é de uma família com influência de amizade, mas também pobre. Trabalhou na Marcelo Autopeças e era bem popular". Abraão era conhecido por ser um "moleque folgado", mimado e que gostava de "tocar o terror".

Do grupo de dez culpados, um dos participantes que se destaca é Diego Rêgo Domingues, conhecido como Diego Gordo. Filho fora do casamento de Tião do Rêgo, o patriarca da principal família política de Queimadas, Diego era amigo de Eduardo, que mantinha relações próximas com essa família tão poderosa. Porém, mais que de Diego, Eduardo era amigo sobretudo de um dos filhos de Tião, Preá, figura controversa na família e na própria cidade. Também convivia com Ricardo, sobrinho de Preá. Fora isso, Diego Gordo costumava sentar-se na calçada dos Monteiro, no começo de uma noite qualquer, para conversar amenidades com Izabella, Pryscila e Isânia.

Justamente por essa proximidade que os dez homens tinham com as vítimas que fez com que boa parte da população se perguntasse: "Por que eles fizeram isso?".

A respeito das possíveis motivações do crime cruel, Isânia recorda:

> Quando a ficha da gente caiu [e percebeu] que tinha no meio também Diego Gordo, Luan, Jacó, que era colega do meu irmão... Papadinha, que era um menino problema, família desestruturada, mas que assim, nós conhecíamos. Quando começamos a ver aquelas pessoas na televisão e ver que elas tinham feito isso, começamos a ficar assustados. Não queríamos sair de casa, pois parecia que todos da cidade estavam envolvidos. Foi uma época difícil... Até hoje não processamos muito bem essa informação, o que aconteceu.

George Paulino acredita que boa parte dos convidados que participaram do estupro coletivo foram coagidos.

> Para mim, Eduardo botou a arma na cabeça deles e disse: 'ou faz ou morre'. Conheço a maioria dali e eram uns bobões, nunca fariam o que fizeram. E Eduardo era o maioral

para eles, o fodão, então tem isso também, essa figura paterna dele, [a ideia] de que se Eduardo tá no meio, então não tem como dar errado. Na cabeça deles, naquele momento... Eles não pensavam que era tão errado.

"Ela nem deveria estar lá"

Durante a elaboração da reportagem, jantei no Rekints, restaurante e churrascaria que pertence a Elves Domingos, irmão da vítima Michelle Domingos. Depois de algumas horas, vi Pryscila chegar, bem arrumada e usando uma jaqueta de couro, em uma moto Honda preta. Ela parou a moto, me cumprimentou discretamente e esperou enquanto um funcionário entregava uma marmita para ela. Mais tarde, Ana Caline, quem me assistiu em alguns momentos da apuração dos fatos, me disse que Pryscila sempre pega seu jantar, bem como o dos irmãos e da mãe, ali, naquele restaurante.

No dia seguinte àquele fomos falar com Maria José Domingos da Silva, conhecida como Bezinha, mãe de Michelle e Elves. Dona Bezinha contou que no começo de janeiro de 2012, a filha se mostrava cada vez mais incomodada com festas:

> Teve um quebra-quebra na festa dos Reis e ela voltou meio chocada, dizendo: "por isso não gosto dessas festas, prefiro tá em casa dormindo". Ia mais se tivesse uma festa muito boa, de fora... Algo especial. Ju que chamava, insistia, comprava seu ingresso, mas Michelle era bem caseira mesmo. Uma pessoa que gosta muito de festa a gente se preocupa mais de acontecer algo, mas como ela não era de festa... Nos surpreendeu.

A casa da família Domingos é humilde, localizada entre a área rural e urbana de Queimadas. O quintal, em meio a cachorros, gatos, galos, é um ambiente árido onde Bezinha contém as lágrimas ao dizer que de início Michelle nem sequer tinha sido convidada para a fatídica festa dos irmãos. Ela diz que a filha "nem deveria estar lá e nem deveria ter morrido".

No sábado anterior ao crime, Bezinha encontrou a mulher de Eduardo, Lilian, no salão de cabeleireiro da cidade e ali ela escutou Lilian e outras mulheres falarem do aniversário de Luciano. A conversa chegou a Bezinha, que comentou que Michelle não estava sabendo da festa. Então uma das amigas deu um toque para Lilian: chama Michelle também. E assim foi. Michelle foi para a missa de sábado com Pryscila e, quando terminou, as duas foram para o aniversário de Luciano. Mesmo sem ter sido convidada, Michelle decidiu ir até lá, pois Luciano havia ligado para Pryscila e insistido para que ela fosse. Ao descobrir que Michelle estava com ela, disse "chame Michelle também, tem problema não".

Michelle era uma mulher de personalidade forte, contribuía financeiramente para a educação dos irmãos e irmãs, e opinava nas decisões da casa.

> Quando era sexta à tarde, Michelle chegava cedo do trabalho, almoçava, tomava banho, assistia TV lá em cima com as crianças da família… Às vezes ela gostava de sentar até no chão com eles. Porque é mais fresquinho, né? Na época os meninos eram tudo novinho, tinham de dez anos para baixo. Era lindo de se ver. E sexta, sábado e domingo eram os dias que ela estava em casa. No sábado, ela ia para feira comigo, aí quando chegava eu botava as coisas aqui e ia fazer o almoço. Tinha até uns finais de semana que eu nem conseguia chegar na cozinha, porque ela amava cozinhar.

Quem narra a rotina de Michelle é uma pessoa muito querida para ela: sua avó Beatriz. Quando Michelle era criança, Bezinha e seu marido tiveram de ir ao Rio de Janeiro por um tempo, e então a avó Beatriz cuidou dela cerca de quatro anos. Desde então, a relação entre avó e neta se fortaleceu e se tornou especial.

"Nós éramos muito amigos da família de Michelle", diz Samara Maciel, uma amiga e jornalista de Queimadas. "Todo domingo, quando íamos à casa de dona Beatriz, Michelle estava por lá." Bezinha voltou e retomou a criação da filha, enquanto o marido permaneceu mais tempo a trabalho no Rio de Janeiro.

Sobre a jovem, Samara completa:

> Michelle era uma moça linda e sorridente, incrível, trabalhava como recepcionista de uma clínica em Campina Grande, era muito trabalhadora, ajudava a família financeiramente, era um anjo. Então não foi fácil, ainda não é fácil, saber que eles foram capazes de fazer isso com ela e Ju. E de violentar as outras mulheres também, Pryscila, Joelma e Vânia.

Já Isânia relembra:

> Michelle era muito inteligente, mas não queria dar continuidade aos estudos. Terminou o ensino médio em Queimadas e parou de estudar. Todas nós dizíamos pra ela fazer uma universidade… Ela trabalhava em Campina Grande o dia todo como atendente de uma clínica, chegava cansada à noite. Aí quando estávamos quase convencendo ela de fazer um curso, isso acontece. Era uma menina que ajudava muito a mãe, na renda da família. E Bezinha sentiu sua falta. Os irmãos. O pai. Todo mundo.

A mãe Maria José não conhecia Eduardo e Luciano. Porém, conhecia todos os outros rapazes. Afinal, eles e a filha haviam sido criados juntos, tinham a mesma faixa etária. Alguns dos culpados ela só sabia quem eram de vista, mas "Jacó, Jardel e Papadinha passavam na minha porta todo dia. Desde que eram crianças eu conhecia eles. E eu nunca esperava que eles fossem fazer algo assim. A gente vivia tudo junto, as famílias perto. Nunca ouvi falar que eles fossem meninos ruins ou que fizessem coisa errada. Nunca esperei".

Esquecer

Joelma Tavares Marinho e Lucivane Bernardino da Silva, que também foram estupradas no dia 12 de fevereiro de 2012, não quiseram conversar conosco.

A jornalista Samara Maciel conhecia Joelma por ter namorado William, irmão da vítima. Joelma era casada com Diego Magro, que estava presente na festa, mas não participou do esquema criminoso de Eduardo. Diego só havia sido convidado porque sua esposa era um dos alvos dos irmãos. Samara conta que, após a tragédia, Joelma se mudou para Campina Grande e, em seguida, seu casamento com Diego chegou ao fim. Não chegamos a entrevistar Neuza, mãe de Joelma, porque ela não mantém uma relação próxima com a filha, já que essa foi criada pela avó materna, dona Saluta. O estupro coletivo nunca foi discutido na família, e William chegou a dizer para a jornalista e ex-namorada Samara evitar o assunto.

Samara descreve Joelma como uma pessoa isolada, que quase não fala ou direciona o olhar para os outros.

Já Lucivane, a quarta vítima, conhecida como Vânia, tem um lado complicado na história. "Ela é do lado dos criminosos", afirma Isânia. A fala de Isânia reflete o fato de Vânia ter sido casada com José Renato, primo de Eduardo e Luciano, e por ela ter trabalhado na casa dos irmãos por muito tempo. Vânia era babá de João Pedro, filho de Eduardo com sua esposa Lilian. Ainda de acordo com Isânia, Vânia teria defendido os ex-patrões na Justiça, e, por conta disso, ela preferiu esquecê-la, não tendo mais informações sobre esta vítima para depor.

José Renato, assim como Diego Magro, foram os únicos homens da festa a serem inocentados. Foram convidados à festa apenas para acompanharem as esposas, das quais Eduardo e Luciano faziam questão.

Consultamos também Samara a respeito do casamento de José Renato e Vânia, apesar de ela também não saber dizer se eles estão juntos ou não. Fui conferir a informação depois com outras fontes e, de fato, eles terminaram o casamento.

Apesar de ter permanecido em Queimadas, Vânia, assim como Joelma, conseguiu sobreviver somente nas sombras. Vive no Zé Velho, área rural da cidade, casada com um vendedor de frutas e verduras de beira de estrada. Assim como Joelma, Lucivane prefere silenciar quanto ao tema.

A secretária de Estado da Mulher e da Diversidade Humana à época, Gilberta Soares, contou que a secretaria auxiliou bastante as duas. "Demos assistência, conversamos, levamos ao ISEA (Instituto de Saúde Elpídio de Almeida), mas elas não queriam falar, queriam esquecer tudo aquilo, e nós compreendemos."

Onde você estava?

No dia 11 de fevereiro de 2012, dia que mais tarde seria eternamente rememorado como o dia da Barbárie, criminosos, vítimas, testemunhas e depoentes ainda eram apenas cidadãos que viviam suas rotinas. Cada um deles em um local, com familiares, amigos, ou sozinhos. Diego Buiú também oferecia uma festa em sua casa, que fica na área central da cidade. Segundo conta, era uma noite cheia de gente, alegre, onde rolavam boas conversas. No meio das festividades, Diego escutou um barulho do que pareciam ser tiros por volta de meia-noite e ligou para o seu irmão, capitão policial da cidade.

"Dudu, escutei tiros."

"Fica em casa e não sai", ordenou o capitão.

E assim Diego o fez. Continuou a festa e não saiu de casa antes das seis da manhã. Chegado o alvorecer, ele foi até a frente da casa de sua tia Creuza, que é perto da sua e da de Fátima Frazão, onde viviam Izabella e Pryscila, próxima também da casa dos irmãos Eduardo e Luciano. Foi então que Diego viu as vizinhas em um estado de tristeza profunda, o que achou estranhíssimo; à frente, viu Eduardo sentado na calçada. Diego se aproximou dele e Eduardo relatou que haviam sido assaltados, contando a sua versão da história com uma tranquilidade tremenda.

"Durante o dia, Queimadas virou um cenário de operação. Sitiaram tudo. Muitas viaturas. Foi assustador", conta o advogado.

Naquela noite, Isânia estava com seu atual marido Dinart assistindo à televisão e talvez pensasse achar um absurdo as irmãs estarem na festa de seu ex. Talvez não. Fátima e os filhos estavam em casa, pois não haviam sido convidados para a festa de Luciano.

George Paulino, que sempre deixou claro que não gostava dos irmãos, também não foi convidado e estava em Campina Grande, em casa com a avó. "Fazendo nada demais, uma noite como outra qualquer."

Ana Caline, a jornalista que me informara da rotina de Pryscila no restaurante Rekints certa vez, estava com os seus pais, Biu e Diana. Ambos tinham uma longa história de amor. Há mais de trinta anos juntos, a relação deles superara inclusive a distância, quando Diana foi embora de Queimadas por um período e os dois continuaram juntos, se comunicando apenas por cartas. São conhecidos como Biu de Diana e Diana de Biu. Ana sempre foi muito próxima dos pais e estava com eles naquela noite aparentemente banal de Queimadas. Sem novidades.

Samara Maciel também estava em casa com a família. Relembra que à noite, não se recorda a hora, alguém fez uma postagem no Facebook contando que escutara tiros no centro de Queimadas. Ela leu essa postagem e se assustou ao pensar que poderia ser alguém conhecido. E era.

Elves, irmão de Michelle, estava no Rekints, do qual era proprietário, e que estava tipicamente aberto e cheio. Assim como os familiares de Michelle que seguiam com suas vidas, com o seu fim de semana rotineiro, fosse em uma festa ou numa noite tranquila de descanso.

As cidades grandes são agitadas, nunca dormem. Já as pequenas parecem reguladas pelo ritmo da natureza. Mesmo que algo se movimente pela noite, elas apagam, silenciam. Queimadas não era diferente: apesar das suas corrupções, violências e transgressões, costumava omitir as crises. Porém, o crime que estava prestes a eclodir não alteraria só o rumo dos homens e mulheres presentes na festa. Naquela noite rotineira, algo sairia da curva, transbordaria.

O estudante Willian Lucian relatou que estava bebendo com uns amigos em frente à sua casa até que viu uma caminhonete Fiat Strada passando em alta velocidade com uma capa preta cobrindo a carroceria: "As meninas já estavam ali". Depois de um tempo, assim como boa parte da população queimadense, Willian escutou os tiros.

De acordo com Pabola das Neves Frazão Monteiro, conhecida como Pryscila, perante autoridade policial e sede judicial:

Uma semana antes, os irmãos Eduardo e Luciano disseram para Pryscila que haveria uma festa para celebrar o aniversário de Luciano.

"Sempre ocorriam esses churrascos na casa de Eduardo, que era vizinha à nossa, e Ju e Michelle participavam dessas festas, pois Eduardo era amigo delas. Nunca fui próxima dele, principalmente depois do casamento dele com Isânia. Mas ele vivia em casa, sua esposa Lilian também gostava da gente, nos visitava semanalmente."

No sábado, Pryscila estava na igreja e encontrou Michelle. Elas decidiram ir juntas à festa de Luciano. Os irmãos estavam insistindo muito para que fosse. Assim que as duas chegaram, Pryscila percebeu algo estranho: "Nas outras festas que fui, eles deixavam o portão da casa, que é bem grande, bem aberto, mas nesse dia eles deixaram o portão só com uma brecha, deixando espaço pra só uma pessoa passar".

De acordo com Pryscila, havia veículos na frente da casa: o Fiat Punto de Luciano, um i30 preto e uma moto Bros vermelha, ambos de Eduardo; e uma Honda Biz prata, modelo de 2012, de Lilian, além de uma caminhonete Fiat Strada.

Izabella estava presente no local quando Pryscila e Michelle chegaram. Estavam também os anfitriões, Lilian e Sheila; Renato, primo deles, e sua esposa Vânia, que era babá de João Pedro, filho de Eduardo com Lilian; Diego Magro e sua esposa Joelma; Abraão, Luan, Júnior Pet Shop e Diego Gordo. Todos bebiam e confraternizavam: uma festa normal.

"Andando pela casa fui percebendo que alguns deles cochichavam entre si, ficavam rindo, de entreolho. Percebi que Diego Gordo, Luan, Júnior Pet Shop e Abraão estavam na cozinha conversando bem baixinho, como se falassem de um segredo. Imaginei que era alguma surpresa para Luciano. Quando passei perto deles, os mesmos cessaram de falar, ficaram nervosos, e perguntei o que tava acontecendo. Disseram que Diego Gordo estava para dar uma saidinha para resolver um moído com a namorada dele."

Pryscila foi ao banheiro, desconfiada: "Esses meninos estão armando alguma coisa".

Durante toda a festa, Eduardo ficou com o celular na mão e colado na brecha do portão de entrada da residência, inquieto. "Eu fiquei desconfiada demais desse portão fechado."

Até que mais tarde, "umas dez e meia da noite", quatro indivíduos encapuzados e armados invadiram a casa, agressivos, anunciando um assalto. Os convidados ficaram sem reação, pensando que era uma brincadeira. Até que as bebidas foram caindo no chão, o som da música se fundindo aos gritos, ao nervoso. "Eu, Sheila, Ju, Michelle, Joelma, Diego Magro e Júnior Pet Shop corremos para o quarto de Luciano, nos fundos da casa, buscando se esconder. Até que dois dos mascarados chegaram pedindo os nossos celulares. Pediram que a gente se sentasse no chão e que Júnior Pet Shop e Diego Magro nos vendassem e amarrassem com presilhas, aqueles enforca-gatos, eu e todas as mulheres que estavam ali. Um dos mascarados estava com uma máscara de papangu."

Pryscila não conseguiu tirar os olhos daquela máscara de carnaval, o papangu, ilustrando o choque e o horror que elas vivenciavam. Então foi vendada por Júnior Pet Shop, embora a vedação não tenha sido bem feita, e ela tenha conseguido enxergar pelo canto do olho o que estava ocorrendo.

"Mantive minha mão numa posição que não permitiu muito aperto; os rapazes estavam nervosos, Júnior pedia desculpas enquanto me amarrava, acho que por conta do nervosismo dele minhas mãos ficaram folgadas. E depois eles colocaram meias na nossa boca e passaram uma fita durex para vedar."

Com o canto do olho, Pryscila viu o quarto de Luciano, viu as mulheres, viu o rosto da irmã, Izabella, em pânico, viu a claridade se tornar negrume: apagaram as luzes. Pryscila buscava alguma salvação: não, não ali, ali só havia uma massa informe de cabelos e escuridão.

Vozes de Queimadas I

Tatyana Valéria, jornalista: O meu marido na época trabalhava no G1 Paraíba. Passou no jornal a Barbárie. A primeira notícia foi que tinha sido um assalto com duas mulheres estupradas e assassinadas. O meu ex-marido disse: "Isso não foi um assalto. Tá muito estranho". Eu fiquei estremecida. E não demorou muito para sabermos que não tinha sido mesmo um assalto. Aquilo que me deixou muito chocada. Eram amigos. Pessoas próximas. Dizem sempre para a gente não pegar carona com estranhos e coisas assim, mas ali não tinha como se proteger. Eram amigos. Basta ser mulher para estar sujeita a uma violência dessas.

Lídia Moura, secretária de Estado da Mulher e da Diversidade Humana: A Barbárie de Queimadas chegou para nós, feministas, como um soco.

Dheborah Domingos, irmã de Michelle: Na semana seguinte ao crime já seria Carnaval. As máscaras de papangu foram proibidas de serem usadas. Até hoje essa máscara é sinônimo de terror para a gente.

Fátima Frazão: Aqui nós temos nossos princípios. Chega alguém aqui em casa já pergunto de que família a pessoa é. O povo reclama: "Ai, a senhora fica perguntando de que família o povo é…". Mas tem que saber a procedência. E nós nunca soubemos a procedência desse povo, Luciano, Eduardo e a mulher dele, Lilian, que era muito estranha. No sábado do crime mesmo, ela passou aqui e mostrou umas máscaras. "Olha essa daqui como é sinistra." Era a máscara de papangu. E ela falava toda esquisita. Porque ela tem um linguajar muito… Sabe? De gente ruim. Então ela já sabia… Já tinha as máscaras e tudo. É uma dor que dói além do coração, ela ultrapassa, vai para a alma.

De acordo com Pabola das Neves Frazão Monteiro, conhecida por Pryscila, perante autoridade policial e sede judicial:

"Estávamos na cama de casal de Luciano. Algumas das mulheres presentes, acho que Sheila e Joelma, estavam no sofá. Era um quarto grande. Até que as luzes da casa foram apagadas. Pude ver que só havia escuridão e o som de passos, cochichos, muitos passos, outras pessoas entrando no quarto. Não sabia se Júnior Pet Shop e Diego Magro ainda estavam lá, mas sabia que tinha gente no quarto além das mulheres. Mesmo escuro conseguia ver Ju. Ela estava na cama, chorando, tentando se soltar."

Uns dez minutos depois alguém entrou neste quarto e puxou Izabella. Mesmo com a boca vedada escutava-se os grunhidos da irmã de Pryscila. Ela tentava se soltar, mas não conseguia. Tudo parecia esmagar Pryscila nesse momento: a dúvida do que estaria acontecendo com sua irmã, o breu, se aquilo também ia acontecer com ela. Até que alguém apareceu de novo e tirou Sheila do quarto. Após ela ser levada, Pryscila deixou de escutar barulhos. Novamente grunhidos. Gritos. Passos. Depois tiraram Joelma, que dava para sentir que desferia chutes, levava socos na cabeça e foi puxada à força.

Pryscila foi rodando para ver se havia mais alguém: "Sim, Michelle continuava no quarto comigo". Até que viu os encapuzados levarem Lilian e Vânia para o quarto. Elas tinham o rosto coberto por uma camiseta do Flamengo.

Até que chegara a vez de Michelle ser levada: ela gritava muito e seus gritos coincidiam com os de Izabella.

"Fiquei feliz em escutar minha irmã, viva, mas ela gritava: 'Eduardo, Eduardo, tanto que te ajudei, tanto que ajudei vocês!'." Como dava para Pryscila enxergar um pouco, ela viu que Lilian havia ficado ao seu lado. Pryscila perguntou a Lilian onde estava Izabella, tendo ela respondido: "Fique quietinha, senão vai ser pior!". Quando os homens vieram levar Pryscila, ela segurou bem forte na blusa de Lilian, que lhe deu uma tapa no braço.

Pryscila fingiu ter desmaiado e foi levada nos braços até o quarto de João Pedro, filho de Eduardo. Ali havia outro homem mascarado que começou a agarrá-la, passar a mão nela, e como o enforca-gato estava frouxo, Pryscila se soltou e se defendeu.

"Vi que ele tinha uma corrente de prata no pescoço. Isso eu consegui ver. Ele arrancou minha calça, e eu, ainda reagindo, derrubei a televisão do quarto e o rack, brinquedos, objetos, até que o agressor saiu do quarto e outro entrou; esse eu identifiquei imediatamente quando passei a mão em seu rosto: era Luciano. Ele veio para cima de mim e reagi brutalmente com chutes e empurrões. Luciano bateu bastante em mim. Outros agressores bateram também. Estava escuro e Luciano disse para eu ficar quieta senão me mataria. 'Se você falar alguma coisa para alguém do que tá acontecendo aqui, te mato.' Outros agressores entraram no quarto onde eu estava. Lutei bastante. Luciano não chegou a penetrar, mas ele encostou, ele tentou, tentou bastante, mas não conseguiu; comecei a rezar, ele mordeu meu pescoço, sussurrou: 'Você tá rezando por quê? Para a igreja você não vai!'. Aí outro agressor veio por cima de mim, usava uma corrente curta, achatada, um corpo fortinho, era Abraão, que também mordeu meu pescoço e me agrediu. Eu o empurrava, enquanto ele me mordia. Doeu bastante."

Em sua luta para sobreviver, Pryscila acompanhava o vaivém dos agressores, que entravam e saíam do quarto. "De entreolho vi que uma arma caiu do meu lado. Eles cochichavam muito, saíam do quarto, falavam, vinham para cima de mim [...]. Fui penetrada por uma mão com uma luva grossa e fingi que desmaiei de novo. Um deles sentou ao meu lado e ficou me acariciando. Implorei para ele não fazer nada comigo. Ele continuou me acariciando. E pelos corredores vi Ju sendo arrastada por alguém, escutei minha irmã falar 'E eu vou sair assim toda rasgada?'. O agressor que me alisava saiu no meio da escuridão para dar suporte ao que estava arrastando Ju. Continuei fingindo que estava desmaiada."

Uns dez minutos depois, sozinha, Pryscila levantou, tirou a venda e vestiu a roupa. Saiu à procura de Izabella, mas não encontrava mais ninguém. No primeiro quarto da casa viu Lilian e Sheila, arrumadas: elas perguntavam o que tinha acontecido. Pryscila disse ter sido estuprada.

Segundo Pryscila, Lilian disse que também tinha sido agredida, mas para ela, isso parecia ser mentira, já que a esposa de Eduardo não estava com nenhum sinal de ter sido violentada.

Joelma e Vânia apareceram, ambas bagunçadas e descabeladas, chorando, afirmando que haviam sido estupradas por vários homens. Pryscila continuou andando pela casa, ignorando o pedido de Lilian para que ficasse, e continuou a buscar sua irmã nas dependências até ver Eduardo entrar na residência com uma cara de assustado.

Tereza, professora queimadense: O povo ainda culpa as meninas, vocês acreditam? Dizem que elas não iam para a igreja e, olha só, duas delas estavam na igreja antes de ir para a festa! Falam que uma ali usava droga, que abortou, que por isso foram "condenadas". Se isso fosse só em Queimadas... O que me assusta é que gente assim tem em todo canto do mundo.

Danilo, jornalista campinense: Assim, estamos aqui agora, nessa sala: aí apaga as luzes, eu te toco... Tu não vai reconhecer meu toque? Foi uma coisa muito sombria da parte deles. Eduardo fez um roteiro cheio de furos e qualquer pessoa lúcida poderia dizer que não funcionaria. Tem gente da família que acha que Eduardo já queria matar Izabella de qualquer jeito. Diziam que Izabella sabia de alguns segredos de Eduardo, ela era muito sociável e às vezes tinha amizades estranhas. Falam em queima de arquivo.

Fátima: Eu olho para o céu, para as estrelas e me pergunto: Onde está Ju? Olho e busco uma resposta, mas não tem. Só tem uma interrogação. Um quadro de Ju na sala. O quarto dela que continua intacto. Nunca nem limpei lá: tá do jeitinho de quando ela era viva.

Lamartine Miranda, jornalista e idealizador do portal Queimadas Acontece: Uma notícia dessas a gente lembra dos detalhes, lembra de tudo.

De acordo com Pabola das Neves Frazão Monteiro, conhecida por Pryscila, perante autoridade policial e sede judicial:

"Onde você tava? Onde tá Ju?", Pryscila perguntou. Eduardo disse que não sabia e ficou chamando a vizinha de doida. Foi então que Pryscila voltou a quebrar tudo, dessa vez na sala, derrubando a televisão no chão, chutando a tela, havia fragmentos de vidro e sangue no chão. "Saí da casa deles e Eduardo me seguiu, perguntava 'o que foi, o que foi?', quando atravessei o portão, vi que os veículos que estavam lá na frente não estavam mais, somente as duas motocicletas, derrubei a moto Biz de Lilian e então Eduardo começou a reclamar de mim. Voltei a perguntar de Ju, Eduardo dizia que não sabia, gritava 'doida, doida.'"

Pryscila voltou para a sua casa. "Entrei quase arrombando a porta de mainha, gritando pelo meu irmão Petrúcio, que apareceu sem entender nada; o atualizei de tudo. Eu e ele fomos até a casa de Eduardo novamente, e lá estava ele, tenso, na entrada da casa. Petrúcio perguntou de Ju, Eduardo disse 'Não sei, não sei, já disse, não sei', botando a mão na cabeça, perguntando se Petrúcio o estava ameaçando, pois meu irmão é forte, alto, e estava se impondo pra cima dele. Petrúcio só falou: 'Liga agora para a polícia.' 'Já liguei', respondeu bruscamente Eduardo.

Nesse momento, Pryscila percebeu que o carro de Luciano estava parado do outro lado da rua, próximo à Secretaria de Educação. Segundo ela, Luciano apareceu vestido só com uma bermuda branca, vindo de uma ladeira, onde ela viu o carro de Eduardo estacionado também.

Luciano disse não saber onde estava Izabella ou Michelle para Pryscila e Petrúcio, que disse: "Pois vamos procurar é agora". E todos entraram na casa, até alguns curiosos que estavam por perto, e procuraram nos banheiros, debaixo das camas e na cozinha. Ao passar pela cozinha, Pryscila escutou um celular vibrar. Eduardo apareceu e disse que os celulares de todas as mulheres da casa estavam em cima do móvel da cozinha e os retirou.

"Os caras entraram para roubar e deixaram os celulares aqui?", questionou Pryscila. Eduardo e Luciano estavam tensos, dizendo que Pryscila estava doida, falando nada com nada.

"A polícia estava demorando a aparecer, então saí da casa deles, me afastei um pouco e liguei para um policial. Não lembro seu nome, acho que Jonatha, mas tinha o número. Ele disse que estava indo em breve."

Quando Pryscila retornou à casa dos irmãos, viu que todos os homens estavam sentados no sofá, com semblantes preocupados, suados, olhares intensos.

"Abraão estava lá com eles, de cabeça baixa, e logo o reconheci por causa do cordão em seu pescoço. Era ele que tinha me estuprado e me batido. Eu sabia."

As outras mulheres também estavam lá ainda, e após um tempo de silêncio e incômodo, a tropa de choque da Polícia Militar apareceu. Pararam em frente à casa de Eduardo e Luciano.

Os homens se sentiam culpados, como se fossem vítimas. Petrúcio estava prestes a agredir Eduardo e Luciano, quando o outro irmão de Pryscila, Durval, apareceu encarando, perguntando por Izabella e Michelle, questionando por que Pryscila estava naquele estado. E os homens só diziam "Os assaltantes que fizeram isso, velho, sei onde eles tão não, roubaram cinco mil reais da gente aqui e ainda por cima e fugiram".

Muita gente acordou com os tiros e apareceu na casa das mães de Izabella e de Michelle. Queriam saber o que tinha acontecido. Estavam curiosos e ansiosos. Pryscila voltou para casa com os policiais, dizendo que estava nervosa, que muitos homens tentaram abusar dela.

"Fiquei com meus familiares e lá de casa observava Eduardo e Luciano do lado de fora da casa deles; a poucos metros de distância." Os irmãos olhavam para Pryscila, nervosos com a possibilidade de ela "falar o que não deve".

Os policiais insistiam em obter mais informações, mas Pryscila ainda estava em choque; perguntaram quem era o dono do carro que foi levado. Tinha sido a caminhonete Fiat Strada de

Diego Magro, que dava auxílio à esposa que havia sido violentada, Joelma. Renato também auxiliava a sua companheira, Vânia, e Pryscila os observava com desconfiança.

Até então, para Pryscila, todos os homens eram culpados. Sem exceção.

"Enquanto esperávamos notícias das diligências, nenhum dos homens que estavam na casa de Eduardo desceram até minha casa para perguntar de Ju e Michelle ou saber das novidades. Ficavam só lá em cima, observando. Parece que eles não podiam ir até minha casa. Minha mãe estava muito tensa. Quase desmaiando. Isânia e o marido dela, Dinart, já estavam lá também."

Um campo de guerra havia sido montado. Havia desconfiança por todos os lados. Através de curiosos e dos familiares de Pryscila, os Monteiro ficaram sabendo que uma moça havia sido socorrida no Hospital Geral de Queimadas. "Quando ligamos lá, fomos informados de que ela havia sido transferida pra Campina Grande: ela era morena e tinha cabelo preto. Não era Ju pelo perfil, mas podia ser Michelle. Depois nos informaram que ela faleceu, e um colega nosso do hospital confirmou: era Michelle."

Os familiares de Michelle ligaram e estavam passando mal, precisavam de suporte. O Samu estava indo até eles, pois alguém havia desmaiado. Talvez Bezinha, a mãe de Michelle, mas não havia como saber ainda. As informações vinham a conta-gotas e os homens na casa de Eduardo, todos eles, só olhavam, "tentando chegar perto para ver o que falávamos com os policiais". Petrúcio já queria matá-los: "Por que eles não descem aqui? Vou lá pegar esses porra". Dona Fátima acalmou o filho, mesmo em prantos.

"Esperamos. Até que tomamos conhecimento de uma caminhonete Fiat Strada abandonada na estrada de Baixa Verde, saída de Queimadas para Fagundes, onde havia o corpo de uma mulher. Era uma ligação para irmos reconhecer o corpo. Não íamos conseguir fazer o reconhecimento. Dinart foi. Mainha já dizia que não era Ju, claro que não, ela ficava dizendo."

Os homens seguiam andando em círculos na esquina da rua. O tempo passou e Dinart ligou de Baixa Verde. Tomaram um susto quando o telefone tocou na casa da família. Soluços, quietude: Sim, era Izabella na caçamba da caminhonete.

Vozes de Queimadas III

Fátima Frazão: Sempre desconfiei que podia acontecer algo com Isânia... Mas com Ju... Nunca.

George Paulino: Teve até um menino que postou no Facebook: "Mataram uma mulher na igreja".

Tobias (nome fictício), testemunha que postou no Facebook: Escutei o tiro e logo fiz uma postagem falando a respeito. Não consegui ver bem, mas escutei o barulho do carro, da moto acelerando, depois os tiros, uns quatro, não sei bem, mas deu para ver que tinha um corpo de mulher largado lá na igreja, vi a poça de sangue também, aí foi aquele alvoroço.

Bezinha: Não dá para brincarmos, tem coisas que não há explicações. Aquele povo queria fazer mal a elas, dava pra ver, mas e Michelle? A morte dela ter sido ao lado da igreja é um recado. Devemos estar atentos aos sinais.

George Paulino: Aí o tempo foi passando, noite longa, uma amiga me ligou e não quis dizer o que estava acontecendo, mas falou para eu ligar para alguém da família. Já pensei na Honda Biz de Ju: ela caiu da moto e morreu, pronto. Eu só queria uma confirmação e liguei pra Pryscila, que disse na lata, no cru: "Mataram Ju, George".

"Como?"

"Fale com Isânia."

"Você tá onde?"

"Em casa."

"E sua mãe?"

"Tá aqui passando mal. Dinart tá no IML e Isânia tá aqui com mainha."

Dinart é um cara bom, o marido de Isânia. Ele ajudou muito a família nessa época. Mas assim, na hora que ela disse "Mataram Ju" veio a imagem de Eduardo. Eu sabia.

Lorena (nome fictício), família Monteiro: "George, tenho certeza que foi Eduardo. Tem pra onde correr não. Tem o que fazer não". Foi isso o que eu disse para ele e logo percebi que ele pensava o mesmo.

George Paulino: Assim, nós desconfiamos dele porque íamos para essa festa também. Essa foto de Ju que passa nos jornais, eu que tirei. Mesmo sem ter sido convidado, eu ia... Olha só que loucura. O que rolava entre eles? Eduardo dava carona pra Ju até João Pessoa. Levava e trazia. Nunca nem dei oi para esse povo. São falsos, sabe? Alguns dias depois da morte das meninas, encontrei a mulher de Eduardo na padaria, aquela esquisita da Lilian, se fazendo de vítima. Nós sabemos que ela estava envolvida: sempre quis destruir Ju, terminou causando a morte de Michelle e os estupros das outras meninas. Uma montanha-russa. E sim, na padaria, ela me viu e ficou lá me espreitando, observando. Fiquei com medo.

Lisandro (nome fictício), família Monteiro: Lilian sabia de tudo... Não foi provado, mas sabia. Todos da nossa família e da de Michelle concordam com isso também. Sheila, a mulher do outro, de Luciano, já não sabemos bem, mas Lilian é certeza.

George Paulino: Quando fiquei sabendo da morte de Ju, liguei para a minha tia. Para minha avó. Eu que fui o mensageiro das más notícias. De dizer que mataram Ju, de Fátima Frazão, de acalmar o povo. Mas eu é que estava estremecido, acabado. Vovó só fez dizer: Meu Deus, ainda bem que você não estava com ela.

Dona Jussara, queimadense: A missa em Queimadas passava na rádio comunitária diariamente: nesse dia, 12 de fevereiro, o padre não conseguiu realizar a missa, porque o povo comentava muito sobre o crime dentro na igreja. Era impossível escutar qualquer coisa, só se ouvia o fuxico, o povo falando, assustado, era uma bagunça danada. O padre dizia: "Minha gente, respeita a missa, deixa que a justiça de Deus e dos homens seja feita...". Mas não funcionou. A missa não foi concluída. A cidade estava acabada por dentro e por fora.

Padre Sebastião: A perda de uma vida é sempre dupla: não é só a morte de quem vai, mas também, de certa forma, a morte de quem sobrevive e tem que aceitar a perda.

Fátima: Tem um fato que gosto de contar do dia do velório, que é sobre as coisas de Deus, sobre mistérios. Uma pessoa chegou para mim, que estava ao lado do corpo de Ju, e disse assim: "Quando alguém mata uma pessoa e não sabemos quem é o assassino ainda, se bota uma moeda embaixo da língua do morto, que o criminoso aparece". O meu irmão não tinha moedas, mas Poliana tinha três moedas de dez centavos. E ela botou embaixo das línguas de Ju e de Michelle. Não deu cinco minutos e as prisões começaram. E começaram no próprio Ernestão, ali onde acontecia o velório das meninas. Prenderam Luciano lá, Eduardo tentou fugir, mas foi pego na saída da cidade, todos eles foram pegos, e daí em diante a verdade surgiu. Enfim, é mistério... Coisa que o pessoal antigo conta.

George Paulino: No velório, a minha avó notou que o corpo de Ju estava sangrando. A boca dela estava aberta, não era algo bonito de se ver, um filete de sangue saiu dali. Vó disse que quando o corpo do cadáver sangra é porque o culpado está por perto. E sim, eles estavam lá: Eduardo e Luciano, se fazendo de vítimas. Cínicos. Ju sangrava para nos alertar que seus algozes estavam ali. Foi o seu último grito neste mundo.

Depois do velório, nosso tio entrou numa depressão. Definhou na cama e morreu. Ele ficava dizendo: "O que fizeram com as meninas não existe não, as meninas de Petrônio, rapaz... Isso era porque não tinham um pai, se tivessem...". A família nunca mais foi a mesma: todas as mortes depois foram naturais nos Monteiro. Ju veio para desestabilizar a ordem.

Matheus (nome fictício), família Domingos: No domingo, antes do Carnaval, passou a reportagem do caso no *Fantástico*.* Para mim e muitos queimadenses, esse foi o momento mais simbólico. Foi uma reportagem policial. Michelle baleada ao lado da igreja, Izabella morta na caçamba de um Fiat Strada, lá na Baixa Verde. Era algo que todos sabiam, mas que era preciso que alguém de fora de Queimadas nos explicasse para acreditarmos. A reportagem fez a gente processar tudo: a ficha caiu. Os irmãos e os meninos calcularam tudo para estuprar as moças. Calcularam errado, inclusive. Tantos homens armando algo tão brutal. Eduardo jurando que esse plano daria certo... É tudo muito surreal. E saber que Michelle nem iria à festa.

Isânia: Não sei por que decidiram matar as meninas. Michelle foi um erro de cálculo: não foi convidada, não deveria estar ali, não deveria ter morrido. Mas Ju fora planejada. Não temos certeza, mas discordo desse papo que dizem que Eduardo a matou por minha causa. Só sei que os legistas disseram que Ju brigou muito com todos, reagiu muito... Lutou de verdade por sua vida. Nas perícias tinha muita pele de Eduardo nas unhas dela. Pedaços grandes da carne dele nela. E Pryscila apanhou tanto que acharam que ela tava morta, eles diziam: "Essa aí já era". Mas Pryscila se fez de morta no chão da sala, depois ela se levantou e quebrou tudo da casa deles, correu para a casa de mainha e disse para ela: "Levaram Ju".

---

* Disponível em: <https://www.youtube.com/watch?v=_n-fkx2PwZs>. Acesso em: 1º jun. 2023.

De acordo com Lucivane Bernardino da Silva, conhecida como Vânia, perante autoridade policial e em sede judicial:

"O meu esposo é José Renato Bezerra da Silva Júnior, primo de Eduardo e Luciano. Conheci-os quando vieram residir em Queimadas, em novembro de 2011. Há apenas um mês comecei a trabalhar na casa deles todo dia, cuidando dos serviços gerais, cozinhando e cuidando de João Pedro, filho de Eduardo e Lilian."

O aniversário de Luciano havia sido no meio da semana, mas a festa marcada no sábado, dia 11. Fizeram muita questão de que Vânia fosse. José Renato não queria ir, mas disseram que iam dar um dinheiro para ele ficar responsável pelo churrasco, que o casal podia até voltar pra casa com a moto deles. Foi tanta insistência que decidiram ir.

"No sábado de manhã, lembro que Ju foi na casa dos irmãos pra preparar uma galinha a pedido de Lilian […]. Ju foi na hora, sempre solícita e simpática com eles. Enquanto ela preparava, eu estava lá e Eduardo fez algumas brincadeiras de duplo sentido. Mas aquilo não despertou minha atenção, porque eles eram amigos e se respeitavam. Voltei para casa às 17h30 e comecei a ficar meio assim, meio triste. Não queria mais ir para a festa, mas Renato não queria fazer desfeita com os primos."

Às 19h30, Luciano e Sheila apareceram na casa do casal para pegá-los. José Renato estava simpático, mas Vânia ainda estava se sentindo estranha. "Não sei bem o que era, algo dentro de mim dizendo pra não ir." Luciano e Sheila esperaram os dois se arrumarem e foram juntos para a festa, que àquela altura já estava animada.

"Um casal amigo de Eduardo e Luciano foi embora a pedido da namorada, que se disse cansada. Ela escapou." As vítimas e os moradores de Queimadas perguntam-se quantas pessoas devem ter escapado da Barbárie. Estima-se que muitas, porque eles convidaram quem encontrassem na cidade. Gente demais.

"Durante a festa, começaram a acanalhar com uns joguinhos. Brincadeira de dizer nomes de frutas, carros etc. E quem errasse tinha que beber meio copo de uísque com energético ou cerveja. Renato, responsável pelo churrasco, que servia as carnes, falou para eu não brincar: 'Eles querem embebedar o povo. Já já a gente vai embora'. Concordei e assisti às pessoas ficarem tontas. Eduardo olhava para todo mundo, não bebia nada, como se vigiasse, sabe? Achei esquisito. Aí, lá por volta das onze da noite uns quatro homens encapuzados entraram na festa. Arma na mão, gritaria, barulheira. Corremos pra dentro da casa. Um dos mascarados saiu pegando nossos celulares, outro pediu para Diego Gordo amarrar a gente com os enforca-gatos, vendar, tampar a boca. Ele tremia muito. Aí as luzes da casa apagaram e fomos levadas a um quarto perto da cozinha. Era o de Luciano, e consegui ver um pouquinho ainda, apesar de estar vendada. Vi que estavam outras mulheres: reconheci Joelma, Ju e Pryscila. Aí depois nos puxaram para outro quarto. Era um vaivém danado. E ficamos lá. Tinham outras mulheres também, eu sabia, mas não reconheci mais ninguém."

Vânia conseguia escutar os risos dos homens. Ela foi abusada na garagem da casa e em um dos quartos, "onde fui mais uma vez violentada, dois deles ao mesmo tempo, um era pesado e tinha barbicha, o outro era magro, meio frangote. Joelma entrou nesse quarto também e me obrigaram a beijá-la".

Até que Eduardo entrou no quarto falando "sai, sai" e as soltou. Pryscila gritava em outro cômodo, procurando a irmã. Havia outros gritos misturados com música alta também. "As esposas de Luciano e Eduardo, Lilian e Sheila, estavam com as marcas dos enforca-gatos, mas estavam arrumadas, com o cabelo normal. Achei aquilo estranho."

A casa havia se tornado uma abstração para Vânia. "Meu Deus. Só fazia rezar, até que Renato apareceu e me abraçou, ele perguntava 'O que fizeram com você, o que fizeram, o que fizeram?'. E eu não conseguia responder."

De acordo com José Renato Bezerra da Silva Júnior, perante autoridade policial e em juízo:

Assim que ele e Vânia chegaram à festa, José Renato foi organizar o churrasco: colocou sal grosso nas carnes, acendeu a churrasqueira e posicionou-as para assar. As pessoas chegavam e ficavam em volta de uma mesa, onde era servido uísque, cerveja, Fogo Paulista e carnes. Tudo estava tranquilo até aproximadamente onze horas da noite, quando a paz foi quebrada com quatro homens mascarados invadindo a casa.

"Eduardo perguntou que brincadeira era aquela. O questionamento irritou os bandidos. Teve gente correndo para dentro da casa, gritei por Vânia e ela tinha entrado. Senti medo, só medo daí em diante. Aí meteram venda nos meus olhos, deram murros na minha barriga, cascudo […]. Só Lilian e Sheila não foram estupradas, pelo que sei. Fiquei preso o tempo inteiro no banheiro com Diego Magro. Eles nos convidaram só para abusar das nossas mulheres. E quando tudo acabou fiquei do lado de Vânia, que nem conseguia falar comigo direito."

Vozes de Queimadas IV

Samara Maciel: Como conseguir seguir em frente depois de passar por tudo isso? E eu conhecia os culpados, estudei com os três que ainda eram menores de idade, e nunca imaginei que fossem capazes de cometer tamanha atrocidade. Eduardo e Luciano mesmo são sobrinhos do dono dessa escola que eu estudava, então vez ou outra nós os víamos. Eles sempre andavam a cavalo pela cidade, se achavam os maiorais daqui, todo mundo os conhecia pelo menos de vista. Já Papadinha trabalhava numa oficina e descarregava carnes em um açougue perto da loja da minha mãe, uma loja de material de couro... Era meio que inevitável que conhecêssemos eles.

Paloma, dona de pousada: Meu filho tinha sido convidado para a festa dos irmãos. Fico pensando até hoje: se ele fosse... Será que ele teria estuprado as meninas também? Ele diz que não, jamais, mas não sei. Fica a dúvida, né?

De acordo com a vítima Joelma Tavares Marinho na seara extrajudicial e na audiência:

Joelma estava com seu companheiro, Diego Barros Pereira, conhecido como Diego Magro, na festa de Luciano. Tinha umas doze ou quinze pessoas na festa, alguns foram embora mais cedo. Joelma notou que as seguintes pessoas saíram da festa em dado momento: Eduardo, Luciano, Luan e outro que não se recorda o nome. Joelma viu diversas vezes Eduardo mexendo no celular, e quando era questionado sobre esse comportamento, dizia que estava lendo mensagens de "um amigo enchendo o saco", mas não dizia o nome do amigo.

Luciano falava: "O negócio aqui é beber e se divertir".

Perto da meia-noite, repentinamente, quatro elementos com máscara, luva, muitas armas, capuzes, entraram na casa, anunciando um assalto. "Teve uma correria doida pela casa. Então eles nos ameaçaram e nos amarraram com enforca-gatos. Pediram nosso dinheiro, celular e outros objetos de valor. Os criminosos nos amordaçaram, colocaram meia em nossa boca, vendaram nossos olhos."

No quarto dos fundos, onde rendiam as mulheres, Joelma escutou uns três criminosos rindo e dizendo: "Agora vocês são da gente".

"[...] Me levaram junto com outra moça, que trabalha lá na casa de Eduardo, babá do filho dele..." Vânia. "Abusaram sexualmente da gente no quarto da frente. Enquanto me estupravam, um deles tirou a venda e colocou uma fronha na minha cabeça [...]. Me obrigaram a beijar Vânia também. Eles ficavam modificando a voz, numa hora engrossavam, noutra afinavam. Riam bastante enquanto nos estupravam. Eram muitos homens. Aí Eduardo apareceu do nada, mandou os meninos irem embora e tirou os enforca-gatos de mim e da empregada."

Quando encontrou o esposo, ele disse: "Meu amor, pelo amor de Deus, o que aconteceu contigo?". Ela não conseguia explicar naquele momento.

Eduardo então chamou Joelma para um local reservado e disse que era aconselhável que o crime não fosse comentado com ninguém, pois elas poderiam ficar "faladas" em Queimadas, e pediu para que nenhuma das duas fizesse exames para atestar a violência sofrida. Joelma desconfiou de tal posicionamento de Eduardo e dos celulares, que não foram levados pelos bandidos e estavam na sala dentro de uma sacola.

Na rua, Pryscila já estava com sua família, vizinha da casa dos irmãos. Joelma sentia um estranhamento: "Tem coisa errada nesse negócio". Um tempo depois, em companhia do sogro e de Diego Magro, foram até a estrada de Baixa Verde para reconhecer o carro de seu marido, o Fiat Strada, e viram que a pessoa morta na caçamba era Izabella. Ela estava com marcas de tiros e de mordidas no rosto.

Na manhã do dia seguinte, Eduardo e Luciano ligaram para ela, dizendo: "Joelma, tu não faz nenhum exame ginecológico! Só toma banho e não vai para a delegacia! Fica aí na tua, qualquer coisa a gente se vê no velório das meninas!".

No tribunal do júri, Joelma ainda afirmou que escutou Eduardo dizer: "Ainda bem que Júnior Pet Shop saiu com minhas armas porque senão ia dar bronca com a polícia". Ela escutou ele contar que Pet Shop havia guardado as armas na própria casa.

Algum tempo depois do ocorrido, Joelma se separou de Diego. Ele afirmou que com o tempo ela foi ficando fria, não tinha vontade de ter relações, que se ele encostasse a mão na perna dela, ela ficava "aperreada", o que desencadeou o fim do casamento.

De acordo com Diego Barros Pereira, conhecido como Diego Magro, em sede inquisitorial e judicial:

Diego Magro foi convidado por Luciano, no dia 11, para ir ao churrasco em sua casa a fim de comemorar seu aniversário. Ele chegou às 19h30 com Joelma Tavares Marinho no carro do pai dele, uma caminhonete Fiat Strada. Havia umas quinze pessoas na casa, e eles só conheciam algumas delas, além de Luciano e Eduardo, de outras festas em Queimadas ou em cidades pequenas próximas.

Durante a invasão dos quatro homens, Diego foi amarrado e ficou em um banheiro junto a José Renato. "Ficamos trancados, eu e Renato, até o fim do ocorrido. Depois do ato, alguém apareceu no banheiro só para pedir a chave do meu carro. Eles sabiam que a caminhonete era minha, pois foram diretamente até mim. Sim, tanto a minha esposa como a de Renato foram estupradas."

Quando Diego Magro saiu do banheiro, Joelma ainda estava seminua. Ela afirmou que sentiu uma barba rala e lábios grossos roçarem em seu rosto. Que ela não sabia afirmar quantos homens a estupraram, mas tinham sido muitos. Luciano ficou ligando para Renato e Diego no dia seguinte do crime, falando que as mulheres não deveriam procurar a polícia nem fazer exames, pois seria muito humilhante se a população de Queimadas soubesse pelo que elas passaram.

Vozes de Queimadas V

Juliana Brasil, delegada do Núcleo da Mulher da Polícia Civil de Queimadas: Muitos crimes contra as mulheres apareceram depois da Barbárie. Muitos mesmo. A diferença é que agora temos o Núcleo da Mulher da Polícia Civil. Hoje as mulheres têm um espaço para virem, denunciarem, conversarem. Nosso maior desafio é fazer elas virem até aqui ou conseguir prender seus algozes. Mas existimos, estamos aqui, e isso já é algo para se comemorar. Antes não se tinha nada, absolutamente nada: se você fosse mulher e morasse em Queimadas, estava condenada pelo machismo autoritário e violento. Hoje ao menos temos voz, espaços, um local para se proteger.

De acordo com Sheila Barbosa Calafange, à época namorada do réu Luciano dos Santos, na esfera extrajudicial:

O aniversário de Luciano, com quem Sheila namorava havia cerca de seis meses, foi no dia 7, dia útil, então ele decidiu celebrá-lo no sábado, dia 11, com um churrasco. "Foi a turma de sempre", Sheila diz, "era costume a mesma turma se reunir pra beber e conversar."

Ela diz que chegou ao local por volta das 19h e que a festa começou por volta das 21h. Também afirma não ter noção da hora que a festa foi invadida, mas sabe dizer que Izabella, Michelle, Joelma, Diego Magro, Pryscila e Júnior Pet Shop entraram correndo na casa e gritando muito, e assim ela também correu para o quarto dos fundos. Os invasores entraram neste quarto e mandaram eles deitarem no chão. Então os amarraram, jogando celulares e dinheiro num saco.

Sheila ainda escutou Izabella pedir socorro, mas não a ouviu dizer o nome de Eduardo. Ela acredita que a ação durou meia hora, não sabendo ao certo. "Durante os estupros, ouviu músicas de igreja [gospel] e forró." E que ao final de tudo, Eduardo chegou, a soltou e perguntou se estavam bem.

"Só Michelle e Ju não estavam pela casa."

Sheila afirmou que não ouviu Pryscila falar que Luciano era um safado, e que não sabe relatar a fama de "pegadores", "traficantes" ou "assassinos" de Eduardo e Luciano na cidade. Afirma que não presenciou Eduardo e Luciano orientarem as mulheres vítimas a abafarem o que tinha acontecido, a fim de que elas evitassem de ficar mal faladas.

No dia 25 de novembro de 2020, Sheila abriu o Sheila Calafange Makeup, um estúdio de maquiagem remoto que atende em Queimadas e em Campina Grande. Com mais de cinco mil seguidores no Instagram, a sua empresa atrai muitos clientes e se mostra bem próspera. Sheila não quer mais falar sobre a Barbárie de Queimadas.

De acordo com Lilian Maria Martins da Silva, esposa de Eduardo dos Santos, na seara extrajudicial:

A festa tinha sido combinada com seu cunhado no começo da semana. Lilian diz não lembrar da hora que os invasores entraram na festa, mas sabe que correu para o interior do banheiro da casa e que os assaltantes a acharam e pegaram seu celular. Eles ameaçaram Diego Gordo e o mandaram colocar enforca-gatos nos braços de Lilian e vendá-la com uma camisa. Presa, ela foi levada ao quarto de Luciano, na parte de trás da residência.

Neste momento, apesar de estar vendada, notou que sua amiga Sheila tinha sido levada para o quarto também. Então escutou os gritos de socorro de Izabella: "Me ajuda, Eduardo, socorro". Viu que Pryscila e Joelma foram levadas para o local onde estavam as outras mulheres.

O clima era de medo e angústia.

Quando acabou, do lado de fora, Lilian diz que viu Pryscila com um ferimento na boca e na testa, afirmando que não havia sido estuprada porque eles haviam "brochado". Tendo sido notado o desaparecimento de Izabella e Michelle, as pessoas que estavam na casa ainda tentavam solucionar os casos de Vânia e Joelma. Ambas choravam muito, pois haviam sido estupradas. Tudo ficou confuso até a Polícia Militar chegar ao local e colocar ordem. Assim que a ação terminou, Lilian foi para a casa de uma amiga e seu esposo foi para a delegacia de Queimadas onde registrou a ocorrência.

Foi só quando Eduardo foi preso que Lilian soube, pela polícia, que ele estaria envolvido nos crimes narrados. Quanto à saída de Eduardo no meio da festa, ela diz não ter certeza. Afirma que ele pode ter saído, mas que ela não notou a ausência do marido.

Lilian afirmou ser companheira de Eduardo há sete anos e viver na Paraíba com ele há cerca de quatro anos. Segundo ela, na época, Eduardo não tinha emprego e vivia apenas de aluguéis no Rio de Janeiro que lhes eram repassados por sua sogra. Os pais de Eduardo e Luciano possuem um grande restaurante na Rocinha, no Rio de Janeiro, o qual sustenta a família inteira. Eduardo havia vendido recentemente o caminhão para comprar a moto CBR600 que possuía, e o veículo Punto de Luciano, segundo Lilian, havia sido financiado e pago com os aluguéis no Rio de Janeiro. Segundo ela, seu esposo diz ter sido subtraído do interior da residência cinco mil reais, porém ela não declara não ter visto esse dinheiro na residência, tampouco ele havia comentado possuir essa quantia.

De acordo com a versão de Lilian, eventualmente, Eduardo viajava para Pernambuco com um conhecido, Preá, da família dos Rêgo, para comprar peças de automóveis e negociá-las em Queimadas. Lilian diz também que seu marido gostava muito de armas, vivia falando do assunto com os amigos. Ela tinha conhecimento que Eduardo possuía uma arma longa que ficava em cima do guarda-roupa, a qual achava ser a escopeta calibre 12, apreendida pela polícia. Ela afirmou que seu marido não tinha comportamentos agressivos ou tendências sexuais abusivas.

Sonâmbulas

O advogado da família de Michelle Rodrigues, Francisco Pedro da Silva, batia na mesa do seu escritório no centro de Campina Grande enquanto falava, irritadiço, que Eduardo passara o dia inteiro só tomando Red Bull e Viagra.

"Um psicopata, psicopata, como faz um negócio desses?!"

O advogado, um senhor de idade, não controlava o seu ódio ao falar do caso. Ele afirma que Eduardo e Luciano já haviam violentado outras mulheres. "Estupraram outras moças lá em Baixa Verde. Botaram na bebida estimulante sexual de égua para as meninas. Não foi a primeira vez." O advogado ainda relata outro caso de uma festa organizada pelos irmãos na antiga casa de show Blitz, em Queimadas, hoje fechada. Francisco afirma que, na ocasião, eles colocaram uma substância na bebida de algumas convidadas. "No dia seguinte, várias mulheres amanhecerem mal, com dor de cabeça, tontura, com uma sensação diferente de uma ressaca, algo pior. Eduardo, Luciano e Papadinha eram os piores, gente ruim mesmo, psicopata", afirma. "Os outros foram na onda, comeram a corda."

Francisco acompanhou todo o caso, desde a manhã de segunda-feira, dia 13 de fevereiro de 2012, quando se iniciaram as oitivas com os suspeitos. "O caso se resolveu rápido até", ele diz, mas "os irmãos foram ao velório de Ju ainda, dois caras de pau. E Eduardo uma hora disse que tinha que resolver algo". Era uma queima de arquivo. Eles planejavam matar Pryscila também, pois Luciano dizia: "Eu ouvi ela falando meu nome, ela me reconheceu também". Porém como Pryscila já estava em Campina Grande sob proteção enquanto decorria o velório, Eduardo decidiu assassinar, ou "apagar" na linguagem do crime, primeiro Júnior Pet Shop, jovem que o admirava e fazia o que ele pedia. Júnior Pet Shop auxiliou Eduardo em cada passo da execução de Ju e de Michelle e, portanto, não poderia ficar vivo, pois poderia entregar o organizador da festa.

Eduardo foi até a Pinininho Rações com seu i30 preto, pegou Júnior Pet Shop na frente do estabelecimento e avisou que só iria resolver "uma coisinha" pendente do dia anterior. Com medo, o menino acompanhou seu algoz.

"Naquele momento, de acordo com o processo, a testemunha ocular do homicídio, que era Júnior, ia morrer." A polícia já estava de olho em Eduardo e logo mandou sinal: procurem o carro i30 preto. Localizaram o veículo na saída de Queimadas, pegaram os dois e os prenderam. "A polícia chegou dando porrada. Torturaram Eduardo e tudo. Depois do quarto tapa desferido pelos policiais em sua cabeça, Júnior Pet Shop já abriu o jogo todinho. A casa tinha caído. Aí pegaram Luciano, pegaram todos de uma vez. Já era", afirma Francisco, dando tapas na mesa, efusivo.

Os outros crimes de Eduardo, ainda segundo Francisco, não estão no processo. Três semanas antes da Barbárie, Eduardo assaltou um Banco do Brasil em Lagoa Seca e matou um cabo da polícia. Francisco continua: "Então era inevitável que os policiais descessem uma surra nele. O bicho apanhou muito mesmo. Por isso que nas fotos dele preso o bicho está com um olhão inchado. E depois, o promotor Márcio Teixeira entrou pesado, foi para cima dos meninos e não perdeu tempo. No domingo, aconteceu o enterro das meninas, a prisão dos dez, e segunda-feira ele já puxou os machos todinhos para falar com os policiais. Aí veio a doutora Cassandra, doutor Assis, que botaram quente também nos interrogatórios. Porque se eles ficassem retardando, poderiam perder o flagrante e poderiam ser abertas brechas para pedidos de habeas corpus e outras medidas que só atrasariam o processo".

"Mas o que me preocupa são as consequências desse ato", diz um advogado que não quis se identificar, mas que na época representou a família de Izabella.

O crime se resolveu rápido na época porque os criminosos nem se deram ao trabalho de planejá-lo direito. Foi de uma barbaridade monstruosa e irracional. Na cabeça deles, realmente pensavam que sairiam impunes. O grande pecado disso tudo são os que ficaram. Os familiares das vítimas. Como se recuperar disso? É impossível. As mães de Izabella e Michelle se tornaram sonâmbulas.

A mãe de Michelle, Bezinha, até hoje sofre bastante, fala da filha às lágrimas, treme, não consegue entender tamanho absurdo. O pai de Michelle tornou-se alcoólatra. Andando pelas ruas, jamais se recuperou do trauma. Francisco afirma que só em 2019 o pai de Michelle começou a ir à igreja, sossegar em casa, mas que se tornou um ermitão.

"É lamentável demais o que esses monstros fizeram com essas famílias."

Um dado importante para entender a emoção com a qual o advogado do caso trata a história é que Michelle era prima de Francisco e, por conta disso, a fala dele soa tão pessoal, como se o tivessem atingido. Afinal, de fato atingiram. Com a família desesperada e sem chão, a primeira coisa que Francisco fez depois de a poeira abaixar foi dar entrada na aposentadoria de Bezinha na Justiça Eleitoral. Naquela ocasião, o juiz da Justiça Federal falou: "Dona Bezinha, a senhora não tem direito a essa aposentadoria, mas pelo sofrimento que sua filha passou, eu vou aposentar a senhora. Porque vejo que nem a senhora nem seu marido têm mais condições de trabalhar".

Já Fátima, mãe de Izabella, passou dois anos após a tragédia colocando um prato a mais na mesa na hora do almoço, aguardando que a filha aparecesse para almoçar. Estava em completa negação e ficava na janela o dia todo em casa: manhã, tarde e noite à espera de Izabella. A depressão a fez ficar com sobrepeso e muito doente.

Em uma das nossas visitas a casa de Fátima, o assunto de uma eventual vingança, da possibilidade de alguém da cidade assassinar Eduardo, Luciano e todos os homens envolvidos no crime surgiu. Fátima disse que jamais queria que algo assim acontecesse e que, na época, ajoelhou, implorando para que os filhos Durval e Petrúcio não fizessem isso. E por pouco não o fizeram. No dia do crime, eles chegaram a ficar com arma em riste, tamanho eram o ódio e a sede de vingança. Enquanto tínhamos essa conversa, Durval estava na varanda e pude o observar de longe: loiro, de uns dois metros de altura, rosto firme como pedra, ele me olhava com olhos duros, melancólicos. Após um tempo, seguiu para o quintal da casa, em silêncio.

Fiquei observando o porta-retratos com a foto de Izabella na mesa de centro quando Pryscila apareceu na sala da casa e fez um som estranho com a boca ao escutar a fala da mãe: "Pfff", discordou com a cabeça e disse: "Eu tô nem aí para eles, quero é que se danem mesmo". Fátima respondeu: "Tem coisas que nem reza resolve, é ver no que vai dar, minha filha".

"Mas assim, mainha", interrompeu Pryscila, "se qualquer um deles aparecer morto quando sair da cadeia, e olha que já tem alguns soltos, eu não vou reclamar, talvez até comemore."

Parte 2

Chamado ao terror

Todas as manhãs os policiais fazem varreduras nos sites, rádios e TVs para se atualizarem dos crimes que aconteceram na madrugada. Em 2012, Cassandra Maria Duarte era titular da unidade especializada em homicídios de Campina Grande e se atrasou para atualizar as novidades do começo daquele 12 de fevereiro. No meio do seu percurso até a delegacia, começou a receber algumas mensagens em seu celular que a alertavam: "algo aconteceu em Queimadas", "situação urgente em Queimadas", "tá sabendo de algo?" etc. A delegada loira, com uma expressão de poucos amigos, ficou desconfiada pela ansiedade generalizada. Logo entendeu que a qualquer momento uma chamada terrível poderia chegar e estremecer o dia que estava por vir. O teor e o ritmo das notificações SMS lhe diziam isso. Intuição não falha.

Cassandra ainda não sabia, tampouco os policiais da cidade, de Queimadas ou João Pessoa, ou mesmo a mídia paraibana ou nacional, o que tinha havido às dez horas da noite do sábado anterior. Naquela época, a comunicação não era instantânea. Durante a noite, os sons de Queimadas, amenos, se fundiam com o som de um forró popular que saía de um carro, abafando os gritos e pedidos de socorro. Os gritos permaneceram abafados e ninguém reclamou do volume.

O portão da casa dos irmãos se abriu e um Fiat Strada saiu apressado e carregado. Atrás dele, saiu também uma moto Honda. O carro e a moto aceleravam pelas ruas queimadenses sem que desse para ver os motoristas. No carro, escondido pelo vidro fumê; na moto, atrás do capacete. A caminhonete passou em frente à igreja da praça e deixou cair da caçamba uma mulher amarrada e amordaçada. Um casal que estava ali, numa cena típica de cidade interiorana, viu e gritou: "Ei, caiu alguma coisa!". O motorista da caminhonete então para, dá ré, fica ao lado do corpo que caiu e abre fogo. Quatro disparos. Ele acelera e segue seu caminho junto à moto. O casal fica boquiaberto. O Fiat Strada passa pela Baixa Verde, estrada descampada e soturna que vai até Fagundes, parando em um terreno baldio. Há outra mulher na parte de trás da caminhonete. Ela está amarrada, amordaçada, chora bastante. A pistola de calibre 40 é sacada e apontada para a genitália da vítima. O motorista do Fiat desfere três tiros. A mulher enfia as unhas na própria pele para tentar resistir à dor. Não resiste. A pessoa que está na moto abaixa a cabeça; o capacete, iluminado pelos faróis do Fiat Strada, projeta uma sombra disforme no chão de terra. O motorista do carro sobe no bagageiro da moto e ambos saem da cena do crime.

A rigor um delegado de homicídios de Campina Grande não pegaria esse caso, afinal, ocorreu em Queimadas. Mesmo que nessa época a delegacia da cidade fosse literalmente uma garagem, a maioria dos crimes era resolvida lá mesmo. Mas aquele era um caso atípico. Cedo, no domingo, o superintendente ligou para Cassandra disparando: "Já tá sabendo?".

Cassandra comunicou seus agentes. A princípio, tratava-se de um latrocínio, ou seja, assassinato feito para consumar um roubo. Os relatos diziam que assaltantes invadiram uma festa, estupraram, mataram duas mulheres, roubaram cinco mil reais. Ela foi atrás de mais informações a respeito do crime e soube que o superior da região havia colocado a equipe da seção de roubos e furtos de Campina Grande especializada em latrocínio, da delegacia de patrimônio, para investigar.

"Até aí estava tudo resolvido, mas... Percebi logo que tinha coisa estranha", Cassandra Duarte conta. "Nós temos um feeling, entende? Tinha algo estranho. Isso das mulheres amarradas e estupradas que meu agente tinha contado e que eu já tava sabendo através da rádio, TV, comentários... Todos falavam dessa violência em Queimadas; isso tudo me fez pensar na hora que aquilo não era só latrocínio."

Assim, quando Cassandra enfim chegou à delegacia, foi até sua sala, pegou o jornal, o celular, o computador e iniciou o dia realizando a varredura, passando pelos diferentes crimes que aconteceram durante a madrugada, entre eles, o de maior destaque: assassinato e estupro em Queimadas. O dr. Assis, que estava de plantão naquele dia, atualizou Cassandra com o que tinha em mãos. Ao fim do levantamento, apuraram que realmente usariam a delegacia de homicídios de Campina Grande para auxiliar no caso: não podia ser um latrocínio.

"Eu já sabia, era só questão de tempo."

O isolamento da cena do crime, coleta de provas e investigações preliminares já estavam sendo realizados pelas polícias Científica e Militar. Já se supunha que não havia roubo, mas que alguém de dentro da festa havia violentado e matado as duas mulheres.

> Não tinha mais o que fazer, juntei uma equipe e fui a Queimadas. A PM de cidades vizinhas, o 2º Batalhão da PM e o Copom (Centro de Operações da Polícia Militar) foram também. Era uma equipe grande. A mídia estava em cima, havia muitos curiosos. Eu conhecia essa situação e sabia que não podíamos perder tempo. Crime sexual, se não pegar em flagrante, vai piorando cada vez mais... É como uma areia movediça.

No meio do caminho, as informações chegavam diferentes pela rádio da viatura: o culpado era um, outro, eram os donos da casa, os convidados, gente de fora da festa. Tudo se confundia e piorava cada vez mais.

"Às 23h50 do dia 11 recebemos um chamado informando que havia uma moça caída ao lado da igreja de Nossa Senhora da Guia. Chegando lá, os cidadãos disseram também que ouviram quatro disparos de arma de fogo e que viram um carro do tipo pickup de cor prata evadindo-se rapidamente. Viram também uma moto seguindo a pickup. Ao chegarmos ao local, a moça estava caída de costas, com disparos de arma de fogo em sua cabeça; ela ainda estava viva e foi identificada pelos familiares como sendo Michelle Domingos", disse José Ademir da Silva, policial militar.

O casal que viu Michelle cair da caçamba afirmou não ter identificado o motorista do carro, somente que era um Fiat Strada prata e que tinha uma moto o seguindo. "Temos que conduzir nosso trabalho de forma impassível, sem se deixar levar pela barbaridade da infração", afirma José Ademir. "Todos sabem de algo, mas quase ninguém quer falar, só fazem comentários soltos, como 'menina boa, trabalhadora', 'só Deus, só Deus' ou 'nunca fizeram mal pra ninguém essas meninas'."

"Não esperei o SAMU", continua José Ademir em seu depoimento. "Coloquei ela na viatura 11227 e a conduzi até o hospital de Queimadas. Michelle estava com fita durex nas mãos e na boca, mas ambas rasgadas. Havia muito sangue em seu rosto, que estava estourado por causa do tiro. Não a conhecia, mas pela lamúria da população na cena do crime, parecia ser uma moça muito querida. Deixei-a no hospital. Ao sair, fiquei sabendo que a Polícia Militar de Campina Grande, do 2º Batalhão, já estava chegando, e a Copom tinha solicitado suporte à estrada próxima de Fagundes, ali pela Baixa Verde, pois haviam encontrado um carro Fiat Strada de cor prata. Também fiquei sabendo que uma moça loira estava na caçamba, mãos e pés amarrados também, olhos vendados, tiros na genital."

Outro policial que estava presente, Israel da Silva Marques, afirma: "A Copom nos acionou e pegamos direto para Queimadas. Era madrugada e cobrimos a cena de morte de Izabella Pajuçara. A população estava ao redor, tinha muita gente. O delegado André Luis Rabelo de Vasconcelos, que já foi delegado de Pombal, Catolé do Rocha, um homem respeitado pela população queimadense, estava boquiaberto, exatamente por conhecer Izabella e Michelle, que neste momento já tinham sido reconhecidas e levadas ao hospital".

"Quem fez o reconhecimento do corpo de Izabella foi Dinart, o marido de Isânia", o delegado André Luis afirma, "foi um momento difícil para todos nós."

Dinart chegou, acelerado, desceu do seu carro, foi em direção ao Fiat Strada, olhou para a caçamba e recuou imediatamente, tratando só de dizer "é ela, é ela". Em transe, saiu com o celular em mãos. Após alguns minutos, o dono do carro que era um dos participantes da festa, Diego Magro, apareceu para reconhecer o seu Fiat Strada. Ele afirmou que os assaltantes pediram a chave do automóvel e levaram o carro. Também reconheceu Izabella.

"Era um funeral aquilo ali", continua Israel, "através dos depoimentos das pessoas que estavam próximas fiquei sabendo que a moça estava na festa de Luciano, um rapaz conhecido. O delegado já estava em contato com a Copom de Campina Grande e buscavam avançar o máximo possível no trabalho de inteligência. É o tipo de crime que temos de ser proativos porque a população vem pra cima, a mídia, não dá pra ficar enrolando."

A perícia fez várias fotos de Izabella, alguns closes da mão direita, com a unha cravada na derme, da genitália, em que tinha a marca dos três tiros desferidos, do rosto ferido. Enquanto as fotografias eram tiradas, a Copom e a inteligência da PM, liderada pelo policial militar Jonatha Yassaki, iniciava os procedimentos de investigação.

Jonatha Midori Yassaki, o terceiro policial militar envolvido, conta: "Não tem como esquecer uma ocorrência dessas. Se tem algo próximo ao inferno, foi aquilo. Resolveu rápido, mas foi tanta coisa na nossa cabeça... Tudo tão intenso, louco... Pronto: louco. Nunca vi uma ocorrência tão... Tão assim na minha carreira", afirma Yassaki, que sempre sonhou em ser policial. Pontual e firme na sua postura e trabalho, Jonatha nunca atrasou ao ser chamado. A Barbárie de Queimadas é uma das poucas ocorrências que o chocam até hoje, inclusive o fazendo não querer falar muito sobre o assunto. "Tem coisa que é melhor não falar, é uma questão de respeito", diz.

Por isso, no dia 12 de fevereiro de 2012, por volta das quatro horas da madrugada, quando ele recebeu a informação do Copom que haviam ocorrido dois homicídios na cidade de Queimadas e que algumas mulheres haviam sido estupradas, ele juntou sua guarnição e foi logo para lá. Na época, era chefe de inteligência da PM e tinha que ser um dos primeiros a chegar à cena do crime para agilizar as informações primárias a fim de informar a Polícia Civil. Ele também foi a primeira pessoa para quem Pryscila ligou para comentar o ocorrido. Ela tinha o telefone dele, embora nem sequer lembrasse seu nome. Sabia que tinha o número de um policial de Campina Grande e então contou por cima o que tinha acontecido. Afirmou que desconfiava que os organizadores da festa estavam por trás do crime.

"Ela foi muito corajosa", afirma Jonatha, "sem ela talvez não teríamos conseguido o flagrante tão rápido."

Jonatha também disse que os policiais trabalham com civis que dão informação à polícia — os chamados informantes —, e que um deles passou informações importantes do crime, como o fato de as mulheres estarem na festa dos irmãos Eduardo e Luciano, quem eles eram — figuras controversas, que tinham muito dinheiro e não trabalhavam —, e quem eram os convidados.

De forma operacional, Jonatha disse que chegou após os corpos já terem sido periciados no local. Ficaram sabendo da festa, da invasão, do roubo, do estupro, de tudo. Logo percebeu que Queimadas estava muito inquieta, tensa. "Era um clima estranho, como se todos já soubessem quem eram os culpados."

Até às nove da manhã do domingo, porém, eles não tinham nada concreto além de um vídeo de um assalto na cidade, aleatório, e os dois corpos assassinados.

Eles isolaram a área, tentaram preservá-la apesar das dificuldades que isso envolvia em uma cidade tão em transe e repleta de curiosos, e iniciaram o trabalho de inteligência antes da Polícia Civil chegar. Afinal, nesse momento eles começariam a "fazer perguntas e soluções práticas". Jonatha e outros policiais, como Israel e o PM Thiago Garcia Fernandes, começaram a buscar informações pela cidade e a colher os depoimentos das vítimas, que eram nebulosos. As mulheres, Vânia e Joelma, relatavam terem sido estupradas várias vezes e "por todos os homens da festa". Seus cônjuges, José Renato e Diego Magro, respectivamente, negavam, desorientados. Pelos depoimentos, nem eles dois escapavam de serem culpados, e separar o joio do trigo em um crime como esse não era fácil. Estavam todos à flor da pele, e embora a solução do caso parecesse estar na frente deles, nenhuma das testemunhas conseguia dizer o nome dos culpados. "Era realmente muito curioso e assustador ao mesmo tempo, insistíamos para mais informações. Eles ficavam prestes a falar e nada..."

Afirmou Jonatha:

> Pryscila se encontrou comigo, mas ainda não conseguia falar direito. Estava muito assustada. Então coletei o celular da vítima Izabella e decidi me afastar do centro de Queimadas. Fui até o sítio Zé Velho. Sentei por um tempo e comecei a ir montando um quebra-cabeça: li as conversas e notei

que ela tinha o costume de conversar com alguns dos homens que estavam na festa, principalmente com Eduardo. Vi nas conversas mais antigas que Eduardo a acossava bastante. Aparentava ser uma brincadeira, mas nessas horas temos que levar tudo a sério, até as piadinhas.

No meio do caminho de volta do sítio para Queimadas, o policial Jonatha Yassaki reportou à Polícia Civil que uma das vítimas, Pryscila Monteiro, estava na festa, havia sido testemunha e aparentava ter informações cruciais para um flagrante, mas estava com muito medo de falar. O clima era de pressão. Cassandra Duarte, delegada, contou:

> A equipe plantonista fazia os trabalhos iniciais e me atualizava, dizendo constantemente que estava difícil de obter informações. Meu medo era: sem flagrante teríamos muita dificuldade de resolver este caso. Talvez nem resolvêssemos, pois já vi muitos casos similares que terminavam sem punição. Então quando cheguei em Queimadas, as coisas ainda estavam bagunçadas, só tinha o B.O., que é o que inicia o procedimento físico. É ele que permite que as vítimas sejam encaminhadas ao IML, por exemplo. Mas eu estava receosa, porque as mulheres da festa, mesmo aquelas que declaravam terem sido estupradas, tinham tomado banho, e isso é péssimo para pegar vestígios de estupro. Elas foram analisadas, tudo certinho, mas a gente sabe das coisas, eu já sabia que aquilo não ia dar em nada.

As mulheres inquiridas declararam que quatro ou cinco invasores anunciaram o roubo, e estavam muito armados. Em uma situação de estresse é difícil identificar os autores, mas Cassandra e sua equipe pediram para elas ajudarem, mesmo que os donos da festa não saíssem de perto das depoentes durante todo o tempo.

Além deles,

> tinha muitos homens por perto, policiais e civis. Tentei puxá-las para um canto, mas nenhuma queria falar — todas estavam feridas, externa e internamente, era muito complicado. Mas logo percebi que Pryscila, conforme disse o PM Jonatha, estava quase falando. Puxei ela para um canto, um pouco longe dos demais homens, e ela falou que Luciano, o aniversariante, com certeza tinha sido um dos estupradores. Ela desconfiava de todos os homens da casa também. Nesse momento, esse comentário bateu com o das outras meninas, Joelma e Vânia, que disseram sem entrar em muitos detalhes que desconfiavam dos próprios donos e convidados da festa.

Cassandra começou a se incomodar com o fato de todas as vítimas falarem que seus algozes tinham muitas armas. Muitas mesmo. "Se havia tanta arma", Cassandra pensou, "onde eles esconderam tudo isso?" Na casa deles não estavam, já que a equipe de perícia, que vasculhou a cena dos dois crimes (a casa e a estrada), não achou armas. E ela continuava isolada.

"Perguntei se tinha outro lugar ou outra casa que esses irmãos moravam ou possuíam... E me falaram que eles tinham uma baia de cavalos por perto."

Jonatha viu que Cassandra queria puxar Pryscila para conversar em outro lugar. Então ele ouviu Pryscila dizer para a Polícia Civil que tinha certeza de que Luciano a estuprara, que sentiu a corrente e a barba rala dele. Ela temia que a matassem por queima de arquivo, então fizeram logo uma medida protetiva. Eles já tinham algo em mãos para pelo menos poder ir atrás dos suspeitos e interrogá-los.

Às quatro horas da tarde os policiais conseguiram os instrumentos legais e deflagraram a parte operacional da captura.

"Os convidados da festa foram acusados pelas mulheres. Pryscila foi essencial. Ela queria ir com a equipe policial, pois ela disse que só se sentiria segura se visse cada um deles sendo pegos."

Chegaram mais viaturas da tropa de choque. Cassandra deu ordens para sitiarem a cidade: tudo estava lacrado.

Ainda era preciso encontrar as armas. Na casa, os policiais fizeram uma busca e só encontraram um capuz e um revólver de calibre 38 com a numeração manchada, fitas adesivas e cordas. Mas nenhum desses itens era suficiente para uma prisão em flagrante.

A baia de cavalos dos irmãos era a principal e aparentemente a única esperança de encontrar um objeto do crime. Ao alcançarem o local e vasculharem em detalhes, lá encontraram um balde de plástico com o coldre de um revólver, um capuz e as fitas Hellermann, chamadas de enforca-gatos, que eles usaram pra prender as mulheres. Muito mais que armas, apenas as fitas Hellermann sustentariam a prisão provisória deles. Era muito raro, em 2012, usar "enforca-gatos" daquele tipo. Então era a maior conexão do ponto de vista do procedimento.

"Eu vi as fotos das meninas mortas e eram os mesmos enforca-gatos: sem tirar nem pôr", disse Cassandra.

Uma frota de carros policiais se juntou em um estacionamento de Queimadas perto da delegacia. Todos fardados e armados, os policiais saíram das viaturas e se reuniram em círculo para discutir a ordem das prisões dos suspeitos. Os movimentos dos policiais eram precisos: entraram nas viaturas mais uma vez e aceleraram.

Os suspeitos presos nas diligências chegavam um a um à delegacia. A imprensa acompanhava o caso de perto. Havia muitas câmeras e emissoras distintas filmando cada detalhe das ações. Os homens indiciados escondiam o rosto das câmeras, mas Cassandra via todos os acusados sendo colocados nos autos.

Enquanto isso, o velório de Izabella e Michelle estava acontecendo. Boatos diziam que Luciano estava no velório, agindo como se também fosse uma vítima, solidário à morte delas; Eduardo circulava pela cidade em um i30 preto de placa NPS 5094.

E a ordem era clara: prender Luciano no velório e acionar todas as viaturas para buscarem um i30 preto. Jonatha estava em uma dessas viaturas que partiam atrás do foragido. "A essa altura, Luciano já tinha sido capturado no velório de Izabella e Michelle, que estava ocorrendo na escola Ernestão", afirmou Jonatha.

Apesar de serem veladas no domingo, o enterro de Michelle seria na segunda-feira, porque na época seu pai estava no Rio de Janeiro, onde residia a trabalho. Quando o cortejo saiu para enterrar Izabella, o corpo de Michelle foi levado para uma capela perto da casa de sua família, para ali ficar até o dia seguinte.

No cemitério, o túmulo das duas ficou lado a lado. Até hoje as mães frequentam o local, trocando as fotos das filhas e renovando o luto.

José Ademir conta que localizou o carro de Eduardo em uma via cheia de buracos, então ligaram a sirene. Eduardo acelerava tentando fugir, até que chegaram numa estrada de terra. O ronco do motor dos veículos intensificava e o lamento de outra sirene se fez ouvir à distância. Uma viatura da Polícia Civil de Campina Grande surgiu paralelamente ao veículo de José Ademir. A poeira da estrada flutuava, os policiais buzinavam e gritavam para Eduardo parar. Ao longe, mais viaturas apitavam e acabavam de fechar a estrada. Eduardo enfiou o pé no freio, seus pneus cantaram e a i30 quase capotou. José Ademir parou ao lado, assim como as outras viaturas, formando um cerco.

Após a breve perseguição, as sirenes diminuíram até se extinguirem num gorgolejo metálico. A cena da prisão se forma: os policiais descem armados, pedem para Eduardo sair com as mãos para cima. Ao seu lado está Júnior Pet Shop, um dos jovens que estava na festa, que agora chora, assustado. Enquanto são enquadrados, Eduardo e Júnior negam todas as acusações. Os policiais batem bastante nos dois, afirmando que Eduardo levara Júnior para matá-lo, que ele não voltaria. Diziam para que deixasse de ser burro e contasse logo tudo, porque seria melhor. Júnior não resistiu à pressão e abriu o jogo: "Só fiz o que Eduardo mandou". Sua confissão imediata foi a de que os irmãos haviam pedido para ele esconder as armas em sua casa.

Ao seguirem a pista e fazerem a busca na casa de Júnior, os policiais encontraram:

Pistola .40 inox numeração SBM 46 224;
Espingarda calibre 12 modelo MOD 686, numeração 99 250;
Pistola de seta, de chumbinho;
105 munições novas de calibre 40;
Dois carregadores de .40.

O último dos suspeitos capturado foi Fernando de França Silva Junior, o Papadinha. A polícia fez buscas e rondas sem parar, até que através de uma denúncia anônima descobriram que Papadinha tinha evadido à cidade de Massaranduba, onde o prenderam.

Diante da apreensão das armas e das fitas Hellermann, que foram fotografadas como provas do crime e enviadas para a perícia em Campina Grande, e diante do depoimento dos suspeitos que, no fim das contas, declaram só terem feito uma "brincadeira" a mando de Eduardo, que queria celebrar o aniversário de Luciano, o nó se desfazia. A delegada Cassandra e sua equipe, com ajuda da PM, conseguiram lavrar o flagrante e assim as investigações e oitivas poderiam ser aprofundadas com eles presos temporariamente. A polícia teria pouco mais de uma semana para conseguir fechar o inquérito: caso passasse do prazo, os suspeitos teriam que sair da prisão preventiva.

Espinha de peixe

"É o caso, não o serviço", Jonatha diz. "Se o caso durar uma semana, é uma semana. Se durar um mês, é um mês." O policial relata que em administração, para gerenciar processos diversos, especialmente a produção industrial, usam "o diagrama de Ishikawa", também conhecido como diagrama de causa e efeito ou diagrama espinha de peixe, cuja finalidade é organizar o raciocínio para estabelecer quais problemas são prioritários. Ele diz que também usa o diagrama, e vai ligando cada parte da espinha até chegar no resultado: é ciência, teoria, matemática. Durante as oitivas, ligam as peças até chegar a uma conclusão. Fazem uso de uma postura corporal, linguística, neurociência, psicologia.

"É mais tedioso do que as pessoas pensam", o policial diz. "Elas veem os filmes e pensam que é aquilo: muito tiro, ação, agilidade. O trabalho é mais sentado, pensando, juntando peças de um quebra-cabeças para chegarmos até os culpados."

Ele ainda diz que as oitivas foram feitas em Campina Grande, pois em Queimadas o clima estava pesado, "quase bélico". O promotor, dr. Márcio, nunca faria isso por lá. Segundo conta, havia "risco de vida não só dos culpados, mas da gente também". Tento saber mais sobre possíveis ameaças à vida dos policiais, mas o promotor é evasivo, fala somente que seria impossível fazer na cidade: os culpados tinham familiares, amigos e conhecidos, e muitos deles queriam interferir no caso.

Ele finaliza:

Sei que tem coisas que seria bom vocês saberem... Mas se vocês escutassem as mesmas coisas que ouvi, ficariam tão impactados como fiquei... Tem coisas que não podem ser ditas, do que ouvi no Fórum. Eu pedi a Deus lá. Não houve direcionamento, estava só com meus colegas de serviço e Deus. Já vi casos de estupro, mas nada com tamanha violência como esse não. Impressionante.

Sobre o inquérito, Cassandra revela:

Nós tínhamos até a hora exata do crime, porque um menino colocou o que havia ouvido numa rede social: "Eita, tão atirando aqui no centro". E ele estava falando dos primeiros tiros, aqueles que Michelle levou. Ele saiu de casa, voltou e postou: "Uma menina morreu aqui do lado da igreja".

Pelos depoimentos, de início só dois homens entraram na lista de inocentes: Diego Magro e Renato. Todos diziam que eles ficaram amarrados no banheiro, supondo que só haviam sido convidados para levarem suas esposas e elas serem vítimas dos estupros. Mas a polícia precisava ter cuidado, porque as mulheres diziam que todos os homens as estupraram.
Já sobre as oitivas, Cassandra continua:

Tivemos que criar um sistema grande, organizado, algo que nunca vi ser feito em outras operações aqui nos arredores. Utilizamos quatro salas da delegacia para agilizar os depoimentos de modo simultâneo, com quatro cartórios, quatro escrivães e delegados. Meu escrivão baixou um programa nos computadores, não sei o nome, em que cada delegado que estava na sala interrogando conseguia ver o que o escrivão da sala ao lado estava escrevendo. Ele colocou em rede e víamos tudo simultaneamente. Então enquanto eu interrogava Luan, via na tela o que Papadinha estava dizendo a dr. Assis na sala ao lado. Isso acelerou bastante o processo, uma vez que eu conseguia confrontar os depoimentos com agilidade. Se um negava a acusação e colocava a culpa em outro, e o outro dizia ainda uma segunda história, era possível interrogar com qualidade. Eles queriam se salvar, basicamente, e víamos isso em tempo real, na tela do computador, era explícito. Havia contradições claras na fala de cada um. Nas telas, sentíamos a confusão mental e, quando eu lia algo estranho, levantava e ia para a sala ao lado, batia de frente com a fala de tal pessoa, e o interrogado ficava sem reação. Dessa forma conseguimos muitas confissões também.

"Com certeza foi o maior auto de flagrante que já participei na minha carreira", afirma a delegada, "o auto do processo tinha mais de cem páginas, incluindo oitivas, garantias, notas de culpas, assinatura dos advogados."

Durante o processo, os policiais não dormiam, era impossível. Sonâmbulos, andavam pela delegacia de Campina Grande como vultos, e Cassandra corria para fechar os autos e entregá-los ao Ministério Público a tempo. Ela fala que ainda se lembra das quatro salas, do calor do dia, daquela correria.

"Eu tinha experiência na área e sabia que se não puxássemos alguma coisa deles naqueles dias, poderiam ficar livres."

De acordo com Fábio Ferreira da Silva Júnior, conhecido como Júnior Pet Shop, em seu interrogatório policial:

Na noite de sábado, dia 11, por volta das 14h, Eduardo procurou Júnior Pet Shop, na época menor de idade, e o convidou para um churrasco em sua casa, localizada na rua César Ribeiro, 190, centro de Queimadas. Eduardo estava armando uma brincadeira, uma "abordagem", pois queria "ficar com as meninas à força". E por meninas ele se referia a Pryscila e a Izabella. Esse seria o presente dele ao irmão Luciano. Falou para Júnior ficar quietinho, "não espalhar a ideia". Quem faria a tal "abordagem", a simulação de um assalto, seriam Jardel, Fernando Papadinha, Jacó e Ewerton.

Eduardo pegou a moto do declarante emprestada, dizendo que ia comprar umas "paradas", se referindo ao enforca-gato e às cordas. Ele voltou rápido e devolveu a moto, intacta, para Júnior Pet Shop.

Às 21h, Júnior Pet Shop se dirigiu até a casa de Eduardo e Luciano. Os convidados bebiam tranquilos, até que meia hora depois chegaram Jardel, Fernando Papadinha, Jacó e Ton encapuzados com máscaras e portando armas de fogo.

"Eu logo os reconheci, mesmo encapuzados. Eles estavam com capuzes pretos e Papadinha com uma de papangu."

Os quatro abriram o portão que estava encostado e entraram, fechando o portão em seguida e dizendo: "Ninguém reage senão morre, queremos o dinheiro".

Júnior Pet Shop, juntamente com Diego Magro, Diego Gordo, Abraão, Luan, Izabella, Michelle, Pryscila, Joelma, Lucivane e Renato ficaram em um quarto nos fundos da casa. Luciano, Eduardo, Lilian e Sheila ficaram em outro.

Segundo Júnior, os quatro encapuzados colocaram meias nas bocas de Izabella, Pryscila, Michelle, Joelma e Lucivane, além de vendá-las com camisas e "talvez algumas delas tenham sido vendadas com fitas, não sei bem dizer". Os rapazes também foram presos e vendados: o plano era soltá-los depois de todas as mulheres estarem devidamente amarradas e vendadas.

Após alguns minutos, a Barbárie se iniciava: "Aí Eduardo entrou no quarto e pegou logo Ju. Ele foi bem agressivo, puxou ela pra outro quarto".

Eduardo soltou Júnior Pet Shop e os outros meninos, Abraão e Luan, para segurarem Izabella enquanto ele a estuprava. Segundo

Júnior Pet Shop, Ju falava: "Eduardo, tanto que eu fiz por você, não faça isso não, pare, minha mãe não aguenta isso não!".

"Com certeza ela o identificou na hora", afirmou Júnior.

Depois, Júnior se afastou e viu Luciano entrar no quarto dos fundos para pegar Joelma. "Eu vi quando Luciano a levou para o bequinho da casa, próximo da área de lavar roupa. Ele violentou Joelma ali. Enquanto Luciano a estuprava, ele dizia que se ela falasse o que estava acontecendo, morreria", relatou Júnior Pet Shop.

Quando Eduardo terminou, ele deixou Izabella na sala, chamou Júnior de novo e ordenou que ele a segurasse. Em ato contínuo, Eduardo puxou Michelle para a sala também, mas ela se debateu tanto que conseguiu tirar a venda dos olhos e identificar seu algoz. Ela começou a pedir para Eduardo deixá-la em paz. Eduardo bateu tanto nela que Michelle desmaiou. Enquanto isso, as outras mulheres eram estupradas.

Diego Magro e Renato ficaram no banheiro o tempo todo. Eles gritavam muito, mas de nada adiantava. "Eduardo mandou que eu e mais dois encapuzados colocássemos Ju e Michelle na caçamba da caminhonete Strada, que pertence a Diego Magro. Ele nem queria mais tocar nelas", Júnior disse.

Izabella e Michelle estavam amarradas com uma corda e amordaçadas. Eduardo estacionou a caminhonete de ré dentro da casa, Júnior e Abraão as colocaram na carroceria. Eles as cobriram com a capa da carroceria, e Júnior viu quando Eduardo, alterado, pedia que ele o seguisse com a moto, pois caso contrário mataria ele e a sua família. A priori o organizador da festa chamou Diego Gordo, mas ele estava tão nervoso que só conseguia implorar a Eduardo para não matá-las.

"Foi aí que entendi o que ele queria fazer... As meninas o reconheceram, por isso ele queria matar."

Eduardo entrou na caminhonete, e Júnior o seguiu com a moto Honda. Eduardo estava com um casaco preto, luvas e um boné preto inscrito "Nelore". Os dois atravessaram a cidade, passando por desvios e curvas, e Júnior presenciou Eduardo matar Michelle ao lado da igreja e Ju na caçamba do Fiat Strada. Quando terminou, Eduardo subiu na moto e os dois retornaram para a casa. No meio do caminho, Eduardo tirou o blusão, o boné e as luvas e foi jogando nas ruas.

Ao chegarem de volta à casa, os encapuzados ainda conversavam com Luciano. Eduardo, apressado, entregou para Júnior uma escopeta calibre 12, a pistola calibre 40 (usada por Eduardo para matar as meninas), a pistola de seta e duas caixas de munição 40 *hollow point* e o mandou esconder as coisas em um mato qualquer.

"Luciano foi comigo, acho que quis confirmar que eu faria o serviço certo. Fomos no i30 preto de Eduardo, e Luciano me deixou em casa e pediu para eu guardar as armas comigo mesmo porque nós não teríamos tempo de arrumar um canto para escondê-las bem."

No dia seguinte, logo cedo Eduardo chamou Júnior para conversar na casa dele. Estavam lá Jacó, Jardel e Papadinha. O organizador da festa disse: "Falem nada não senão vai dar caixão para todo mundo, ouviram?". Eduardo orientou que dissessem que tinha sido um assalto e terminou o assunto.

"Depois, Eduardo disse que me levaria para dar uma volta. Fiquei com medo, sabia que ele estava me levando pro caixão, não tinha como ser coisa boa. No carro, ele nem sequer falava comigo. Tava todo nervoso, estranho, até se tremia. Achei isso esquisito: nunca vi Eduardo tremendo", disse Júnior, "aí vi alguns carros da polícia nos perseguindo."

Após essa captura, Júnior mostrou aos policiais onde estavam as armas e as munições. O então menor de idade também sabia o local onde Eduardo e Luciano guardaram os enforca-gatos: na baia dos cavalos.

De acordo com o interrogatório:

O declarante reafirma que Diego Gordo, Abraão e Luan, mesmo não tendo participado diretamente do estupro ou da "abordagem", sabiam o que iria acontecer. O declarante não tem conhecimento se Lilian e Sheila sabiam o que seus companheiros estavam tramando, mas reafirma que Eduardo e Luciano eram os responsáveis por comandar quem deveria "comer" quem. E que ele o ameaçou matá-lo se não o ajudasse a segurar as meninas enquanto as violentava. [...] Afirma que tudo o que disse foi de livre e espontânea vontade, não foi coagido pela polícia. E ele acrescenta que não estuprou ninguém, "só penetrei Izabella com os dedos enquanto a segurava".

Cassandra e sua equipe ficaram sabendo mais tarde que o advogado de Eduardo foi ao Lar do Garoto, instituição onde menores de idade infratores ficam detidos, oferecer 50 mil reais para Júnior Pet Shop assumir os crimes no lugar de Eduardo. Como ele não aceitou, deduzem que Fernando Papadinha tenha aceitado a oferta. Isso porque, quando o crime já estava nas mãos do Ministério Público, Papadinha decidiu mudar seu depoimento e assumir a autoria do crime inteiro.

Júnior foi um dos principais informantes do caso, tendo levado o tenente Jonatha Yassaki em sua própria casa para mostrar as armas que ali estavam. "Eles já tinham descoberto as coisas na baia, vi logo que o melhor seria colaborar", afirmou.

De acordo com Ewerton José da Silva, conhecido como Ton:

Ton aceitou o convite para participar da festa por volta das 20h30. Eduardo falou com o então menor de idade pelo celular e pediu que ele fosse para a baia de cavalos, na rua Nova, centro de Queimadas, em determinada hora. Ewerton obedeceu e ao chegar na baia de cavalos, viu que estavam Diego Gordo, Eduardo, Jardel,

Jacó e Papadinha. Lá ficou sabendo que Júnior Pet Shop ia participar também, "ele até passou por lá de moto, rapidinho".

Segundo Ewerton, Eduardo disse para ele, Jardel, Jacó e Papadinha que a festa já estava rolando e que "tinha muita mulher boa por lá". Disse também que "iria estuprar Ju, pois a achava gostosa e era tarado por ela", assim como por Pryscila. Eduardo queria que eles quatro simulassem um assalto naquela noite, a fim de que pudesse abusar das meninas. "Não queria fazer isso, mas Eduardo me ameaçou", Ton disse.

Diego Gordo deu para o declarante uma pistola de plástico, de pressão. "Eles diziam que eu era café com leite."

Eduardo disse que sua esposa Lilian e a namorada de Luciano, Sheila, estariam na festa, mas que ninguém poderia tocá-las. Chegou a pedir para Ewerton ser o responsável por ficar de olho nelas, e por vigiá-las. Eduardo queria que tivesse "uma grande quantidade de gente" para servir de cortina de fumaça e, por isso, saiu convidando todo mundo que encontrava na cidade.

Durante o crime, Ton disse que a

> única atitude sexual que teve foi colocar o pênis na boca de uma mulher, a qual descreve como sendo morena, baixinha e magra, mas que não a conhecia. [...] Disse que não sabia que obrigar a prática de sexo oral também era considerado estupro, mas que obrigou a citada moça morena a fazê-lo.

No final da Barbárie, Eduardo saiu da casa e voltou depois. Ao retornar, disse "Ei, vão embora, a parada sujou". Ton correu desnorteado pela rua, momento em que jogou sua máscara nas proximidades de uma madeireira, saiu zanzando até chegar a sua casa. "Mais tarde, de madrugada, eu tava sem conseguir dormir. Aí recebi uma mensagem de Eduardo dizendo que era para eu não abrir a boca, senão era caixão. Fiquei com muito medo."

De acordo com José Jardel Sousa Araújo:

Jardel estava em seu trabalho, na oficina mecânica localizada na rua Cônego Oscar. Com ele estava Papadinha, que às vezes fazia uns bicos ali na oficina. Eduardo chegou dizendo que faria um churrasco em casa e que haveria oportunidade de Jardel, Ton, Jacó e Papadinha darem um susto nas mulheres da festa: "vendá-las e tirar uma onda".

"Eduardo já chegou falando que a gente faria isso, nem perguntou se queríamos", disse Jardel.

Eduardo e Diego Gordo entregaram as armas, os capuzes, os enforca-gatos e as cordas para a gente, na baia dos cavalos. Ton ficou com uma arma de chumbinho, que pertencia a Abraão. Jacó ficou com um calibre 38, e eu com um calibre 32. Entramos no i30 preto de Eduardo e fomos até a festa. Eduardo entrou na casa e voltou com um calibre 38 para Papadinha. Ele deu uma touca ninja para a gente. Papadinha usava uma máscara de papangu. Aí ele entrou na casa e mandou uma mensagem para mim dizendo: "Conta até dez e entra".

"Os únicos homens que não sabiam do plano eram o primo dos irmãos, Renato, e Diego Magro. Ju foi a primeira [...]. Eu não estuprei nenhuma mulher", afirma Jardel. "E tudo durou umas duas horas, mas pareceu segundos. Quando Eduardo saiu com Ju e Michelle, e Júnior Pet Shop foi atrás dele na moto, Abraão, Luan e Diego Gordo pediram para eu vendá-los e colocar os enforca-gatos, para se fazerem de vítimas; eu fiz."

Jardel estava em sua casa no meio da madrugada quando a cidade soube que duas mulheres haviam morrido. Ele não conseguia dormir. Às cinco da manhã Luciano foi procurar Jardel, mas ele fingiu que não estava em casa. Às 6h30, Eduardo apareceu, Jardel foi falar com ele, quando ouviu: "Fique calado, pois pode dar morte". O menino concordou. "Eduardo é bandido. Geral sabe que ele matou duas pessoas no Rio de Janeiro e veio para Queimadas fugido. Ele é jurado de morte por lá. Eu nunca desobedeceria alguém tão perigoso assim. Desde quarta-feira, ele já ficava falando com a gente que queria pegar Ju, nem que fosse à força."

Vozes de Queimadas VI

Raissa Almeida, prima de Jardel: Vocês não têm direito de estar julgando ninguém. Do mesmo jeito que o meu primo está aí, qualquer um de vocês poderiam estar, por estar andando com quem não presta! Ele errou? Sim, porque foi junto, mas nem por isso vocês têm que tá criticando ele, porque ele tem família e ninguém gosta de estar lendo essas coisas. Ele errou sim! Mas já está pagando. ELE APENAS ESTAVA JUNTO! Vocês acham que tão no direito de julgar alguém? Ele foi homem suficiente para chegar e se entregar. Primo, tô contigo!

Jacó de Sousa, por sua vez, disse:

No dia 11, por volta das 20h, Jacó foi procurado por Fernando Papadinha e Jardel. Ele estava nas proximidades da barraca Seu Manuel, uma lanchonete no centro de Queimadas. Papadinha e Jardel comentaram a respeito do churrasco na casa de Eduardo, dizendo que iriam dar um susto nas meninas da festa. "Às 22h30 fomos pegar as armas, eu, Jardel, Papadinha e Ton. Pegamos. Diego Gordo auxiliava Eduardo em tudo. Ele que dirigiu o carro depois até a casa de Eduardo, que disse que a festa já tava rolando."

Só Renato e Diego Magro não sabiam de nada. Aí já chegamos gritando, anunciando assalto. [...] Foi Luan, Luciano,

Ton, Papadinha, Abraão, Júnior Pet Shop, Eduardo, todos eles que estupraram Ju. Pryscila foi violentada por mim, Luciano, Ton, Eduardo, Luan e Abraão.

Então, trinta minutos depois de Eduardo ter saído com as meninas e com Júnior Pet Shop, ele retornou e saiu gritando: "Podem ir pra casa, mas se vocês contarem algo, não vai ter caixão que dê vencimento para o número de mortos". Jacó só ficou sabendo da morte das meninas no dia seguinte. "Eu fiquei sem acreditar que Eduardo realmente foi capaz de fazer aquilo."

Domingo, dia 12, Luciano entrou em contato com Jacó: "Ele estava muito agoniado, pois estava procurando o celular de Sheila, e eu mesmo não sabia onde estava". Luciano mandou ele e os outros envolvidos botarem a culpa em Júnior Pet Shop, "ele é menor, pode botar a culpa nele que dá certo". Os irmãos mandaram Júnior guardar as armas em sua casa já com essa estratégia de defesa. "E Luciano disse que eles pagariam advogados bons para defender a gente, caso precisasse."

No tribunal, Jacó disse que tudo o que falou na delegacia era mentira. Que ele foi ameaçado pelos irmãos a participar e que não estuprou ninguém.

"Por isso essas oitivas iniciais, enquanto o crime ainda está quente, são importantes. Com medo, eles se abrem, falam tudo. Na esfera judicial, mais frios, eles conseguem mentir melhor", afirma a delegada Cassandra.

Já Fernando de França Silva Júnior, conhecido por Papadinha, deu a seguinte versão em sede policial:

Ele trabalhava há cerca de dois meses na baia dos cavalos, tomando conta do lugar. Quinze dias antes, Eduardo e Luciano estavam na baia e se reuniram com ele, Júnior Pet Shop, Diego Gordo, Luan, Abraão, Jardel, Ewerton e Jacó, dizendo que ele e o irmão dariam um churrasco em sua casa. Ou seja: todos sabiam com bastante antecedência do crime, não foi de última hora. "Eduardo às vezes dizia: faltam só cinco dias... Faltam só quatro dias. Ele estava muito animado. No sábado, ficou de encontrar com a gente no meio da festa, na baia de cavalos, para entregar os capuzes, armas, enforca-gatos, as coisas."

Depois de toda a encenação e de colocar as vítimas e os atores em seus respectivos lugares, Papadinha viu Eduardo puxando Izabella do quarto de Luciano. Ela dizia: "Eduardo, à força não, socorro, você pode ter qualquer mulher de Queimadas, você tem dinheiro...".

"Depois, Eduardo me pegou, me jogou em cima de Ju, e disse: 'Aproveita, come ela aí'." Segundo Papadinha, quando tudo acabou, em relação a Izabella e Michelle, Eduardo só disse, meio que rindo: "Tive que matar as duas para não complicar pra gente". Papadinha também relatou que Eduardo havia dito que se algo desse errado, era só botar a culpa nos "de menor" que já dava certo.

Em juízo, Papadinha declarou, ainda, que Eduardo prometeu mil reais para cada um que participasse da simulação do assalto. E reiterou que só não foi embora porque Eduardo fechou a casa inteirinha e ameaçou ele de morte. Afirmou que não estuprou ninguém, nem tocou.

"Eduardo me jogou em cima de Ju, mas quando a reconheci, saí de cima", disse. Ele afirmou que só assinou seu depoimento na esfera policial porque apanhou muito e não sabe ler.

No conselho popular, Papadinha mudou novamente seu depoimento: atraiu para si a autoria dos fatos delitivos, em especial a prática do estupro de Izabella e do assassinato desta e de Michelle. Disse que foi ele quem matou as meninas e que o que ocorreu havia sido um assalto premeditado por ele, Jardel, Jacó, Ton e Júnior Pet Shop.

Papadinha cumpriu pena em Jacarapé e afirmou à Justiça que não recebeu no presídio a visita de um advogado que, em nome de Eduardo, teria lhe oferecido a quantia de 50 mil reais para que assumisse todo o crime. Afirmou categoricamente que não procedia que cinco mulheres tenham sido estupradas: "Só foi Ju". E afirmou que ele realmente havia sido o grande mentor da Barbárie de Queimadas.

De acordo com Abraão César da Cunha, na época menor de idade, em seu interrogatório perante autoridade policial:

Por volta das 19h30 do dia 11, Eduardo se dirigiu até a casa de Abraão e o convidou para ir a uma festa em sua casa, porque "era aniversário de Luciano".

> Aí em um momento lá da festa quatro caras entraram, com máscaras, pedindo dinheiro e celular. Eu ainda disse 'deixe de brincadeira' e fui arrastado até o último quarto da casa, que fica depois do quintal. Eu não reconheci a voz deles, fiquei no quarto com Diego Gordo, Lilian, Sheila e Luan. Não ouvi nenhum grito nem vi ou escutei nenhuma mulher sendo puxada. Fiquei pelo quarto durante uma hora e meia, mais ou menos. Depois desse tempo, Eduardo chegou e soltou Diego Gordo, que me soltou.

Abraão não soube das mortes de Izabella nem de Michelle no mesmo dia. Só às cinco da manhã do outro dia o adolescente soube que as meninas haviam sido assassinadas.

Abraão nega ser proprietário da arma de chumbinho que dizem ser dele e que foi utilizada por Ton para simular o assalto. Ele afirma ser de Rômulo, caminhoneiro que mora em

Boqueirão, quem o adolescente só conhece de vista. Afirma que Rômulo sofreu uma queda de moto e pediu para o adolescente guardar a arma para ele. Abraão pegou a referida arma no dia 7 e ficou com ela até o dia 9, quando Eduardo foi até lá e perguntou da pistolinha de Rômulo, pedindo-a emprestada. O adolescente entregou a arma para Eduardo. Não sabia que a festa era uma armação para estuprar as garotas e, principalmente, para Eduardo estuprar Ju.

Ele ainda afirma que não é amigo de Eduardo.

Em juízo, Abraão decidiu retirar Rômulo da história e assumir a posse da arma. Afirmou ainda que Eduardo foi até a loja que ele trabalhava de manhã, Marcelo Autopeças, para comprar enforca-gatos, mas ele não sabia o motivo da compra. Ele e o primo Getúlio atenderam Eduardo e o expediente acabou às 18h. Abraão foi para a festa mais tarde. Ele reafirma que não fez nada com as meninas, quem fez foi Eduardo, Luciano, Luan e Papadinha. Ele afirma ter segurado Ju enquanto Eduardo a estuprava.

Vozes de Queimadas VII

Jânio, queimadense: Festa dos Reis, três dias de sangue, alguns dizem: sempre morre um ou dois numa facada. Em 2013, não conseguimos prosseguir com a Festa de Reis porque teve muitas brigas. Confusão generalizada.

Fernanda, queimadense: Demorou muito para Queimadas recuperar sua imagem. As mães não querem que suas filhas participem das festas dessa cidade até hoje. Quando alguém diz: sou de Queimadas... Povo já diz: "Eita, a cidade lá do estupro coletivo?". Mas é certo falar dos estupros, porque depois da Barbárie ainda teve muitos outros casos de violência sexual contra as mulheres. Algumas coisas melhoraram, como a Delegacia da Mulher, mas a cidade ainda é muito agressiva contra a gente. É algo absurdo e que deveríamos lidar de forma mais séria.

George Paulino: Fomos a uma festa em Campina Grande, no parque Maria da Luz, com a participação de Calypso e Aviões do Forró. Ela foi o estopim de algo cômico, mas trágico. Estávamos eu, Ju, Michelle, uma amiga nossa chamada Aninha e outro amigo do sul chamado Claudemir. Claudemir era gerente da Vitamassa, e um homem muito desejado em Queimadas. Depois de um tempo, ele foi encontrado morto na sua casa, tinha infartado. Aninha surtou quando soube da morte de Claudemir, ela dizia pra mim: "ai, bebê... tu não percebeu, menino? Ju e Michelle morreram... Depois Claudemir... Os próximos somos nós dois! Aquele dia lá da festa foi amaldiçoado!". Eu tive dificuldade de tirar isso da cabeça de Aninha, que precisou até de terapia. Mas ela não foi a única. Todas as mulheres de Queimadas ficaram afetadas por causa da Barbárie. Uma amiga, Carolina, precisou fazer terapia depois do crime também.

Versão de Diego Rêgo Domingues, conhecido como Diego Gordo:

No dia da festa, Eduardo e Diego Gordo levaram os quatro rapazes que simulariam o assalto às proximidades da residência. Durante a simulação do assalto, Diego disse que pediu para Jardel o amarrar, amordaçar e vendá-lo.

> Ele simulou uma agressão: deu uns murros na parede enquanto eu gritava. Tudo acabou depois de umas horas. Não vi nada. Eduardo me soltou. Eu o ajudei a soltar os outros também. Ficamos sabendo que todas as meninas foram estupradas e que Ju e Michelle sumiram. Eu passei mal, desmaiei, fui levado por Falcão, tio de Diego Magro, para o

hospital. Devo ter chegado ao hospital por volta de 1h30 e fiquei sabendo que uma menina tinha chegado baleada por lá.

Diego Gordo recebeu uma visita rápida de Eduardo no hospital, que disse: "A história é que eu estava junto com você no quarto, junto com Lilian e Sheila. Ouviu?".

Em juízo, Diego deu outra declaração, negando todas as acusações atribuídas a ele. Confessou que tinha um desentendimento com Júnior Pet Shop e Ewerton e que havia sido convidado por Eduardo só no dia anterior à festa. Disse ainda que faria um trote, uma brincadeira só com as meninas, mas que quando saiu da casa, saiu com Eduardo para comprar gelo, e não ir à baia de cavalos. Mas afirma que Eduardo depois saiu sozinho também, e então não sabe aonde foi naquele momento. Os encapuzados o mandaram amarrar as meninas e depois o amarraram e amordaçaram, colocando-o no quarto do filho de Eduardo.

Versão de Luan Barbosa Cassimiro:

Uma semana antes do ocorrido, Eduardo comentava com Diego Gordo e com Luan que organizaria uma festa e lá as meninas levariam um "susto". Segundo Luan, Eduardo disse que arrumaria uns "boys" para simular um assalto de brincadeira.

Na hora da invasão da casa, "fui levado ao quarto de Luciano, onde estavam Sheila, Pryscila, Lilian, Vânia e Diego Gordo. Vinte minutos depois, os encapuzados foram pegar Pryscila e Vânia. Aí escutei Pryscila falando que a irmã estava sendo estuprada. Só sei que Eduardo me soltou depois e as soltou também. Pryscila saiu derrubando tudo, falando que Luciano era safado, e saiu correndo para a casa dela".

O interrogado afirma que não estuprou ninguém: não sabia que haveria um estupro coletivo. Ele pensava que era apenas um susto para a mulher de Eduardo nunca mais deixar o portão da casa aberto.

Sob o crivo do contraditório, em juízo, Luan negou totalmente sua participação e disse ser mais uma vítima.

Ana Caline, minha parceira em alguns momentos da apuração, disse que seu pai, Bill, recebeu uma carta de Luan pedindo desculpas. Bill não quis mostrar a carta para Ana, mas disse ser "bonita". Luan tem um pai fotógrafo, estudava em escola particular, era um adolescente "bem de vida". Não só Luan, mas todos os envolvidos eram vistos como boas pessoas pela comunidade queimadense, mesmo os mais problemáticos. E é exatamente por isso que Isânia tem ódio deles:

> Todos estão arrependidos agora, mas minha irmã não voltará a viver. Nem Michelle. Acho até pior eles serem de família boa e terem essa consciência dos seus atos hoje. Por que adianta de quê? Eram meninos com pais, mães, condições, como é que decide entrar nessa onda e achar que sairiam impunes?

Eduardo dos Santos Pereira sustentou ter sido mais uma vítima do ocorrido em seu interrogatório policial:

No aniversário do seu irmão, sábado, dia 11, ele estava em sua casa, celebrando com alguns convidados. Por volta das 22h30, cerca de seis ou sete homens invadiram sua residência, todos armados e encapuzados, sendo um deles com máscara de papangu e os demais com balaclava. Ele foi amordaçado e amarrado e ficou no quarto onde estavam também Lilian, Sheila e Diego Gordo.

"Não sei dizer quantas pessoas exatamente estavam no quarto, estava vendado", afirmou. Ficou bastante tempo nesse quarto, enquanto escutava os encapuzados provocar tumultos dentro da casa. Eles pediram celular e dinheiro, e ele ouviu a hora em que Izabella pediu ajuda: "Socorro, Eduardo, não deixe eles fazerem isso comigo não", e também escutou gritos de Pryscila, Michelle e Vânia.

Depois de um tempo, ele conseguiu se soltar, pois estava amarrado só com uma fita adesiva. Pegou uma faca e soltou as outras pessoas. Viu o portão aberto da sua casa, as motos caídas no chão e percebeu que Ju, Michelle e Júnior Pet Shop estavam desaparecidos. Foi neste momento que ele soube que Vânia, Joelma e Pryscila haviam sido estupradas. Ele, inclusive, repreendeu Pryscila por dizer que viu Luciano em cima dela, pois era impossível que seu irmão estivesse no meio disso.

Eduardo teve cinco mil reais roubados pelos indivíduos. Então, após se dar conta do que tinha acontecido, apenas acionou a polícia: "Não podia mais fazer nada". Quanto aos comprimidos de Viagra encontrados, ele afirma que tomou um dia antes da festa. Nega que tenha combinado com Papadinha, Jacó, Jardel e Ton a simulação do assalto. Nega também que essa simulação mentirosa fosse apenas para que ele, Luciano, Abraão, Luan, Júnior Pet Shop e Diego Gordo tivessem relações sexuais à força com as mulheres convidadas.

"Eu só achava Ju bonita e interessante, mas nunca tive nenhuma intenção sexual com ela. Sempre a respeitei e admirei. Essa conversa de que eu matei duas pessoas no Rio de Janeiro e vim pra cá é conversa dos meninos também, nunca matei ninguém. [...] E eu não reconheço nenhuma dessas armas apreendidas", afirmou, negando todas as acusações.

Ele disse que sua mulher e a de Luciano só não foram estupradas porque não deu tempo.

Em sede de audiência de instrução, Eduardo afirmou inicialmente que trabalhava como comerciante, vendedor de automóveis e motocicletas. Trocava cheques, emprestava dinheiro, montava um bar em sua casa durante as festas, e era dessa forma que ganhava dinheiro. Afirmou não ser verdadeira a acusação que lhe era feita. Disse ainda que quinze dias antes da festa tentaram matá-lo, e que sua morte estava encomendada. Matariam ele, seu irmão e as respectivas cônjuges. Afirmou que Júnior Pet Shop era o informante dessa pessoa, ou seja, que Júnior observava os locais onde havia dinheiro em Queimadas para "esse povo invadir a residência, roubar e matar quem estiver ali dentro".

Ressaltamos o seguinte trecho do laudo de exame pericial de local de morte violenta para questionar o comportamento de Eduardo:

> [...] Com relação ao estupro, seguido do sequestro, o sr. Eduardo dos Santos Pereira apresentava um comportamento muito tranquilo, aquém dos fatos acontecidos, tendo inclusive mudado o estado das coisas, manipulando objetos no interior da residência antes do trabalho da equipe de perícia.

Vozes de Queimadas VIII

André Luis Rabelo de Vasconcelos, delegado: Como é que um crime tão bárbaro acontece na sua residência, durante um aniversário de um irmão seu, e meia hora depois você está sorrindo?

De acordo com o réu Luciano dos Santos Pereira na fase inquisitorial:

Na fase inquisitorial, Luciano confirmou sua participação "na orgia", mas retirou a de seu irmão e afirmou que só participou do estupro coletivo porque Ton fez piadas a seu respeito. Disse: "Fiquei sabendo que se tratava de uma brincadeira dos caras, que estava rolando só pra dar um susto nas meninas para que todos pudessem estuprá-las". Luciano disse que só cometeu os estupros porque Ton estava "tirando uma com a cara dele, falando que todo mundo ia pegar as meninas e só ele que não". Inclusive, Luciano nem estava "no clima".

Sobre a renda deles e a falta de um trabalho formal, Luciano afirma que recebe uma mesada de 1500 reais dos pais, que moram no Rio de Janeiro, assim como são seus pais que pagam as prestações de seu carro Punto e de sua moto Bros. Afirma ainda que também são eles que pagam a pensão de sua filha de nove meses. Segundo o relatório, a última vez que Luciano havia ido ao Rio de Janeiro fora há cinco anos. Ele não sentia falta de lá e amava Queimadas.

Sob o crivo do contraditório, Luciano apresentou uma nova versão em juízo: negou totalmente as acusações contra sua pessoa, afirmando não ter a quem atribuir a autoria do crime, uma vez que foi mais uma vítima, tendo ficado preso o tempo todo em um dos quartos. Disse que estava sem beber havia muito tempo, então, logo que tomou o primeiro copo de uísque, passou mal e foi ao banheiro vomitar. Quando saiu, os assaltantes já tinham invadido a casa e ele foi rendido por uma pessoa encapuzada que portava arma de fogo.

Afirmou que não se dava bem com Júnior Pet Shop e que ele só estava em seu aniversário porque seu irmão o convidara. Sustentou que tinha um caso com Michelle havia quatro meses e também com Izabella desde 1º de janeiro, além de namorar Sheila.

Alegou que a versão apresentada na esfera extrajudicial fora realizada sob tortura e que o teor do que está ali contido não é verídico. Acrescentou que todos estavam presos no mesmo quarto e que somente ouviu a voz de Pryscila e de Luan, além da de Eduardo, que mandava todo mundo no quarto se calar com agressividade.

Vozes de Queimadas IX

João, queimadense: Cuidado, vocês tão perguntando coisa demais por aí. Vocês sabiam que os irmãos são ligados ao Comando Vermelho? É tudo matador. Esse povo faz o que bem quiser. Quando eles saírem da cadeia, Queimadas vai virar um cemitério. Vão matar todos nós, tenho certeza. Esses caras não vão aceitar o que aconteceu calados.

Reconstituindo os fatos

Ao montar o quebra-cabeça das falas de cada um dos interrogados, os policiais perceberam que os dez homens planejaram o crime, com exceção de Diego Magro e Renato. Havia outras testemunhas que foram chave para a reconstituição dos fatos, como o vizinho Joselito da Mata, que morava na mesma rua dos irmãos e afirmou que "Eduardo sempre tentou ser simpático e ter contato com todos. Esbanjava riqueza e dava medo, porque ninguém sabia de onde vinha seu dinheiro".

Joselito escutou sons estranhos na casa, além de ouvir as vítimas dizerem, depois, que tinham sido estupradas. O tio de Diego Magro, Adelino Falcão Pereira, também depôs, assim como funcionários da Marcelo Autopeças e Getúlio César da Silva Paz, os quais confirmaram que Eduardo comprara as fitas Hellermann no local.

A trama foi aos poucos alinhada no inquérito, e os policiais construíram a função de cada um na história a partir das declarações das vítimas e das confissões extrajudiciais. Concluiu-se que Eduardo foi o mentor intelectual; Luciano praticou estupro com todas as vítimas; Jacó, Jardel, Papadinha e Ton simularam ser os assaltantes e também estupraram as vítimas; Abraão, Luan e Júnior Pet Shop foram cúmplices e violadores. Diego Gordo, por sua vez, distribuiu as armas e tinha ciência do que aconteceria naquela noite, mas não praticou atos libidinosos com as vítimas por ter tomado muito remédio para ereção e passado mal.

Jonatha Yassaki relembra: "Resolvemos o caso, mas fico triste em saber que até hoje essas pessoas, as vítimas sobreviventes e seus familiares, lutam por direitos básicos e buscam se livrar desse trauma".

A delegada Cassandra até hoje também se questiona: "Como achavam que sairiam impunes disso? Eduardo mesmo botou a mão na cabeça na delegacia e disse: 'depois de tudo o que eu fiz tô sendo preso bem por essa policinha da Paraíba'. Olha só a audácia, o ego deste homem".

Muitos depoimentos foram alterados no processo sob o crivo do contraditório, mas o promotor dr. Márcio, na hora de denunciar, percebeu muitos detalhes nas oitivas iniciais. Isso porque, embora já tivessem as provas do crime, como os materiais usados para amarrar as vítimas e as armas, havia pequenas variações entre os testemunhos.

A delegada Cassandra relembra:

Tem as provas materiais, mas, e a narrativa? É preciso coletar memórias, criar uma lógica linear com começo, meio e fim. Na hora, imagina como é montar essa história com tantas pessoas envolvidas? Não tinha muita contradição nas falas, mas todos tinham algo para falar, ir ponderando. Havia sinais próprios ao medo, outros de desconfiança; havia quem quisesse se passar por vítima, quem de fato era vítima... Foi preciso ir montando. O ponto crucial talvez tenha sido que as características físicas dos abusadores relatadas pelas mulheres Pryscila, Joelma e Vânia entregavam os criminosos: peso, barba, cheiro, colar, cabelo, rosto. Chegou um momento que eles estavam sem saída. Os fatos sempre vencem.

O promotor Márcio Teixeira, por sua vez, após receber o inquérito de 221 páginas da Polícia Civil das mãos de Cassandra

Duarte, analisou e percebeu que seria necessário individualizar as penas pelos crimes cometidos por cada um dos sete adultos e três adolescentes.

Uma das principais dificuldades enfrentadas na apuração de crimes sexuais, em termos de processo penal, é o fato de que nem todos eles deixam vestígios físicos que comprovem os abusos. Porém, quando as vítimas tornam públicos testemunhos homogêneos, consistentes e harmônicos entre si, a palavra dessas mulheres passa a ser o principal elemento de prova para iniciar as investigações. Muitas vezes, o único elemento necessário. Para Maíra Zapater, professora de Direito e membro do Núcleo de Estudos sobre o Crime e a Pena da Fundação Getulio Vargas, os depoimentos consistentes já são provas suficientes para embasar uma investigação contra o agressor. No caso da Barbárie de Queimadas, vê-se que se não fossem essas falas, os culpados sairiam impunes.

Diante dessas dificuldades de se condenar crimes sexuais, o estado da Paraíba inteiro celebrou bastante a condenação dos culpados da Barbárie em 2012. Em 107 páginas de sentença, a juíza Flávia Baptista Rocha condenou seis dos homens julgados no caso. Só o mandante, Eduardo, teria que aguardar julgamento e permaneceu em prisão preventiva. Segundo a decisão da magistrada, todos os seis sentenciados adultos cumpririam pena de reclusão em regime fechado no PB1, Penitenciária de Segurança Máxima Doutor Romeu Gonçalves de Abrantes, em João Pessoa. Os três adolescentes, Fábio, Abraão e Ewerton, foram julgados e cumpriram medidas socioeducativas.

Conforme a sentença, Luciano dos Santos Pereira deveria cumprir 44 anos de reclusão, condenado por estupro de quatro mulheres e participação em mais de um abuso sexual. Fernando de França Silva Júnior, vulgo Papadinha, foi condenado a trinta anos de prisão por estuprar uma vítima e colaborar para a violência sexual de outras quatro. Jacó de Sousa foi sentenciado a trinta anos de reclusão por estuprar duas mulheres e participar do abuso das outras três vítimas. Luan Barbosa Cassimiro deveria cumprir 27 anos de reclusão pela violência sexual praticada contra uma vítima e participação no estupro das quatro demais. José Jardel Sousa Araújo foi condenado a 27 anos e Diego Rêgo Domingues a 26 anos e seis meses de reclusão.

De acordo com a juíza, a diferenciação nas penas se deve à conduta criminosa imputada a cada um dos autores.

"Todos eles participaram dos crimes de alguma forma e as penas são individualizadas de acordo com cada réu. A participação é maior ou menor, mas estiveram envolvidos em todos os atos, fosse segurando, amarrando e dando cobertura, fosse estuprando efetivamente uma quantidade de vítimas. Cada um agiu no seu grau e por isso a diferenciação das penas. Foram levadas em conta as coautorias materiais e as participações para que os estupros fossem efetivados", afirmou a juíza Flávia Baptista Rocha.

Conforme o Ministério Público, apenas o crime de lesão corporal não foi acatado pelo juízo. "Todo o detalhamento seguiu conforme a denúncia, afastando apenas a lesão corporal, por não constar nos autos nenhum laudo comprobatório", alegou o promotor Márcio Teixeira.

O Serviço de Inteligência do estado havia tomado conhecimento, nesta época, de que os presos recolhidos no PB1, quando souberam da chegada dos envolvidos na Barbárie de Queimadas, ficaram agitados em suas celas: eles não queriam compartilhar o espaço com eles. Por conta disso, os seis envolvidos ficaram em uma cela única, chamada de cela de reconhecimento. Eles passaram de cinco a sete dias nessa cela até os ânimos se acalmarem e eles mudarem para seus respectivos ambientes de reclusão.

Quanto a Eduardo, ele seria julgado em júri popular.

"Vai morrer, vai morrer!"

Jô Oliveira, uma militante negra que atuou em grupos como a Pastoral da Juventude do Meio Popular (PJMP) e a Associação de Juventude pelo Resgate a Cultura e Cidadania (AJURCC), sabia que este trabalho seria difícil, mas nunca imaginou que seria a ponto de sair de casa e pensar "talvez eu não volte hoje". Em 2011, um ano antes da Barbárie, Jô se tornou vice-diretora do Lar do Garoto, local onde os menores de idade infratores foram detidos.

"A minha administração no Lar do Garoto foi coisa de cinema." Jô afirma que teve de lidar com diversos jovens que entravam no Lar do Garoto e poucos dias depois, ao serem liberados, eram encontrados mortos. Eles desintoxicavam os garotos, os auxiliavam, buscavam mostrar uma saída para a vida do crime e os jovens saíam inclusive nutridos de lá. Mas, quando menos esperavam, a notícia chegava: "Fulano tá preso no presídio", "foi assassinado", "está foragido".

Jô entrou em desespero quando percebeu que começara a naturalizar algumas coisas: ainda que se dedicasse e fizesse um bom trabalho, a situação desses adolescentes parecia não ter saída, alternativa ou possibilidades. Com exceção de alguns que chegavam com suporte familiar e condições, o restante parecia estar condenado a um abismo. Ela não tem dúvidas ao dizer que seu trabalho no Lar do Garoto foi um dos mais árduos que fez na vida. E entre todos os anos em que esteve no cargo de vice-diretora, aquele que ainda permanece como o pior, tanto pelo crime em si, como pelas consequências, foi o da Barbárie de Queimadas.

No começo de 2012, Abraão, Ton e Júnior Pet Shop chegariam ao Lar do Garoto.

A repercussão do caso foi enorme no estado. Diariamente a imprensa cobria algum aspecto e reportava um detalhe. O fato desses três menores estarem prestes a serem transferidos para a casa de acolhimento já gerava uma grande expectativa. Não só em Jô, mas sobretudo na diretora do Lar do Garoto, Francinete Costa, que havia sido afastada bem neste período por um problema de saúde.

Com sua superior afastada, a responsabilidade estava toda nas mãos de Jô.

Assim, após a última audiência pública do caso, o burburinho na Paraíba só aumentava. Os culpados adultos receberam as respectivas penas e os adolescentes iriam, de fato, para a reclusão definitiva. Passariam três anos no Lar do Garoto.

"Nunca me sinto bem ao falar dessa história", lamenta Jô.

A transferência dos três menores foi aprovada durante a noite. Francinete, mesmo afastada, recebeu a notícia em primeira mão e pediu a Jô que organizasse pela manhã. Tinha medo que durante a noite acontecesse algo, pois seria extremamente complicada. A chegada dos garotos à casa deveria ser discreta. Os outros internos não deveriam saber. A vida dos três estaria em risco a cada instante.

A noite virou, o dia nasceu. Francinete e Jô mal dormiram. A vice-diretora foi ao Lar do Garoto, no entanto, com o espírito preparado para acompanhar a transferência. Ao chegar, porém, as funcionárias da casa a lembraram que bem neste dia eles receberiam uma turma do CFO — Curso de Formação de Oficiais da Polícia Militar. Esse curso era dedicado a todos os policiais recém-formados. Para assumir o concurso, eles devem passar por todas as unidades públicas, inclusive a vara da infância e os espaços de medidas socioeducativas, com o intuito de aprender mais sobre esses locais e de como lidar com esses infratores. Era uma turma de mais de quarenta policiais em formação que estavam na disciplina de direitos humanos, dispostos a aprender.

Jô tentou se acalmar. Seria um dia cheio e ela precisaria de suporte, embora esse trabalho só ela poderia fazer. Bebeu água, ficou sabendo que os rapazes seriam transferidos ao meio-dia e aguardou a chegada da turma da CFO.

Enquanto isso, os demais internos agiam normalmente. Jô fez uma vistoria nos quartos, chamados assim em nome de uma "adaptação na linguagem", embora sejam celas como em uma cadeia comum. "Evitamos deixar que eles pendurem lençóis nos quartos, que risquem paredes, pra que não pareça uma cadeia e sim um ambiente de reclusão. É importante fazer isso."

Jô transita pelo espaço do Lar do Garoto, quase como se andasse ali pela primeira vez. Passa pelo refeitório, cozinha, banheiros, espaço de lazer e quadra. Passa a mão pelos muros e segue até a sala de reunião, onde aguarda a turma da polícia chegar ou, quem sabe, os três menores.

"Tudo tranquilo", ela sussurra para si.

Os quarenta policiais do CFO chegam e Jô, muito cordial, se apresenta para eles como vice-diretora. Ela começa a explicar o funcionamento da unidade, quanto tempo os menores ficavam internados e a necessidade de tirar da cabeça dos jovens o senso comum de que os funcionários daquela organização estão ali para defender bandidos. "A PM geralmente tem muita dificuldade em lidar com esses meninos", ela sussurra.

Jô havia feito um planejamento breve para evitar confusão. Os internos almoçariam mais cedo para não se encontrarem com Abraão, Ton e Júnior Pet Shop. O plano era perfeito: os três chegariam e entrariam de forma discreta para se internar na área de isolamento, parte do Lar exclusiva para infratores de crimes que pudessem causar risco a suas vidas.

Enquanto caminhava com os quarenta policiais e fazia o seu trabalho, Jô foi até a sala de reunião. Explicou para eles a função do local e sentiu um tremor nos muros e no piso. Os policiais também estranharam, assustados, sem entender o que estava acontecendo. Todos os internos, um número enorme de jovens, gritavam: "Vai morrer, vai morrer, vai morrer!". Jô, cabisbaixa, sabia a causa daquilo: a notícia da transferência havia vazado.

"Provavelmente ouviram no jornal ao meio-dia que viriam para cá. O caso tinha cobertura constante e os internos tinham acesso à televisão."

Jô estava com o rádio na cintura, por onde mantinha contato com a guarita e a segurança. E escutou o "vai morrer" saindo do aparelho, desafinado e estridente. Ela desligou o rádio, mas de nada adiantou. O som aumentou. A sala de reunião era perto das últimas alas e os gritos chegavam até eles como uma ventania brava, "o grito dos internos era o bafo da morte". A sala começou a esquentar. Jô, sabendo que era tarde demais para omitir informações ou fingir que nada estava acontecendo, disse aos oficiais: "É a transferência dos adolescentes de Queimadas".

Os policiais ficaram tão alvoroçados quanto os menores. Muitos deles queriam ver, acompanhar, curiosos, mas Jô conseguiu evitar e pediu que voltassem outro dia, pois seria inviável acompanhar o curso deles. O vento das vozes entrava na sala. Jô dispensou a turma de formação de policiais, "porque nessas ações é preciso ter cuidado". Voltou a respirar fundo e pensou no que poderia fazer.

Pensou em convocar os internos para almoçar naquele instante, mas sabia que não adiantaria chamá-los. Poderia ser pior, uma vez que todos queriam acompanhar a chegada dos três e havia uma chance significativa de os gritos "vai morrer" não serem uma simples bravata. O clima estava pesado, e Jô percebeu que tinha que cuidar disso com as próprias mãos. Deixar essa situação para um agente da casa resolver poderia ser arriscado. Todos aparentemente queriam matar os meninos.

Eles chegaram. Jô foi até a entrada para acompanhar o processo de transferência. "Eram uns boys *véi*, sabe?". Os três tremiam bastante, seguravam uma sacola plástica com os seus pertences e escutavam o "vai morrer" que ainda ecoava. Jô, acompanhada dos agentes, os levaram até o auditório. Deixaram que ficassem lá até acabar a hora do almoço dos internos.

Ao tirá-los de seus quartos, Jô conseguiria transitar com Abraão, Ton e Júnior Pet Shop pelo espaço, já que para chegar até o isolamento teriam que passar necessariamente entre as alas onde ficavam os outros internos. Ao esvaziar esse espaço, a área finalmente ficaria em segurança.

No meio do percurso, Jô conversou com os três para saber se estavam cientes de que aquela era a internação definitiva. Perguntou se entendiam o que estava acontecendo. Quem faz esse trabalho geralmente é a psicóloga ou a assistente social, mas pela importância do caso, Jô mesma decidiu fazê-lo. "Sou a vice-diretora e vocês ficarão no isolamento, a medida mais restritiva... Não sabemos quanto tempo vocês vão ficar lá."

A vice-diretora tomou todas as medidas de segurança para eles não serem assassinados e teve que testar os limites de sua humanidade. "Ter o controle sobre a vida de alguém é difícil. É sempre uma opção, preservar a vida deles depois da barbaridade que cometeram. Quando eu racionalizo isso me dá enxaqueca. As fotos daquelas mulheres. Eu vi as fotos na unidade. Graças a Deus não tínhamos a internet que temos hoje, porque são muito chocantes. Vi a foto da Izabella morta. Fiquei arrasada. Então quando esses meninos chegaram... É claro que por regra nunca li os processos para não tratar ninguém de modo diferente, mas com eles não tinha jeito. Porque o caso estava na mídia, todos falavam, era difícil dissociá-los da violência cometida."

Durante os dias seguintes, o Lar do Garoto ficou em constante estado de alerta. O clima era bélico. Jô conversou com os outros internos e buscou acalmá-los, dizendo que qualquer coisa que acontecesse com os três poderia trazer problemas para a unidade e para eles próprios. Problemas graves. "Os três passaram um bom tempo no isolamento provisório, acho que uns dois meses, até poderem interagir com os outros internos", ela disse.

Sobre a segurança dos três, Jô afirma que não escutou nenhum problema desde então. "Volta e meia chegava a notícia da visita de algum parente deles… Não dávamos muitos créditos. A família os protegia muito. Um deles, com mais dinheiro, tentava ajudar. Não sabíamos… Mas imagino que esse dinheiro os ajudou bastante." A família de Júnior Pet Shop era uma das que mais se preocupavam com ele, pois o filho quase foi assassinado por Eduardo.

Abraão, Ewerton e Júnior Pet Shop cumpriram a pena inteira e ficaram reclusos até fevereiro de 2015. Jô Oliveira saiu da vice-direção do Lar do Garoto em 2013, depois de passar na seleção do mestrado em serviço social e entrar no SINE. Em 2020, Jô tornou-se vereadora na cidade de Campina Grande, sendo a primeira vereadora negra da cidade e a sexta mais votada.

"Um dia peguei um ônibus e um rapaz ficou me encarando, nem piscava", Jô diz, "só fui lembrar que era um dos internos do Lar do Garoto quando desci. Nunca é uma situação fácil, os vejo em todos os lugares." Apesar de ter passado anos que Jô saiu daquele cargo, as suas enxaquecas nunca cessaram. Pelo contrário: só aumentaram.

Veredicto

Era dia 25 de setembro de 2014 e o 1º Tribunal do Júri da Capital amanheceu movimentado.

Grupos feministas do estado e do país, como a Marcha Mundial das Mulheres, se fizeram presente nesse dia, mobilizadas em frente ao fórum. A professora Ana Laura, uma das representantes da Marcha, disse que "reivindicar por justiça em Queimadas é reivindicar por justiça nos casos de Aryane Thais, assassinada quando estava grávida em 2010; Rebeca Cristina, estuprada e morta em 2011; e da professora universitária Briggida, que foi encontrada morta, em 2012, em seu apartamento com sinais de estrangulamento e o suspeito, seu então companheiro, está foragido.

A única resposta possível no julgamento que estava por vir era a pena máxima para Eduardo dos Santos Pereira. Uma mobilização enorme crescera nos últimos anos para que esse julgamento ocorresse com mais celeridade e para que Eduardo não escapasse da condenação. Foi graças a esses movimentos, muitos dos quais foram agitados legalmente por Gilberta Soares, uma personagem importante desta história, que o julgamento foi feito em tempo recorde, dada a lentidão da Justiça brasileira.

Quando Iraê Lucena saiu do cargo de secretária da Mulher e da Diversidade Humana em 2013 para ocupar a vaga de um deputado, o então governador Ricardo Coutinho colocou em seu lugar a secretária-adjunta Gilberta Soares. Psicóloga de formação, Gilberta viu a oportunidade ideal de colocar em prática o seu conhecimento. "Ricardo foi muito transparente em dizer que o cargo na secretaria era político", disse. Dentro da pasta, notou que o seu maior desafio seria lidar com tantas subjetividades: a questão das mulheres, da população negra e originária e da diversidade sexual. Com o orçamento pequeno, a política intersetorial do governador foi uma ferramenta importante para colocar em ação algumas práticas: eles não tinham dinheiro, mas tinham poder de negociação.

"Como diria Glauber Rocha: uma câmera na mão e uma ideia na cabeça", diz Gilberta aos risos. Ela foi cavando espaço junto com outros secretários das mais diversas pastas e conquistando políticas práticas.

"Eu não esqueço nada desse caso de Queimadas, 12 de fevereiro de 2012 é um dia que ficou comigo", conta. Na época, ela recebeu um telefonema falando da tragédia e imediatamente tomou providências. "Ministério Público, Tribunal de Justiça, movimentos sociais, Defensoria Pública... Trouxemos todo mundo para esse caso de Queimadas." Os outros homens foram condenados rapidamente, mas ela sabia que para Eduardo ser julgado havia a necessidade de uma pressão, senão, o julgamento poderia nunca ir para frente.

Gilberta esteve em Queimadas na primeira ação que Isânia, irmã das vítimas Izabella e Pryscila, organizou, oito dias após o crime. Desde então, a acompanhou nesse ato durante o julgamento de Eduardo e, até hoje, nas consequências que seguiram e continuam existindo. Foi Gilberta que trouxe a Queimadas a CPI do Feminicídio, ferramenta importante para a culpabilização dos criminosos. A ex-secretária afirma que, nos anos seguintes, a delegada Cassandra Duarte se tornou uma grande aliada nesta luta, sempre presente, mesmo nos bastidores. Uma luta que as deixou mais unidas, ligadas por um laço de embate e resistência.

"Na época eu ainda nem sabia o que era feminismo", diz Isânia. "E Gilberta foi uma dessas companheiras, em meio a tantas outras que me fizeram acordar para isso. Ver que eu não estava só e que muitas das violências que já passei não poderiam mais ser normalizadas, pois elas eram a raiz para crimes como o da Barbárie ocorrerem."

Isânia acionava Gilberta, que por sua vez acionava o Tribunal de Justiça. "Eu peticionava ao desembargador: 'O movimento tá querendo respostas, vamos agir!'. E assim a coisa foi indo até o julgamento de Eduardo. Muita pressão, muita movimentação nas ruas, grupos feministas que acampavam em frente ao tribunal exigindo respostas." Houve diversas parcerias com organizações brasileiras para que este julgamento ocorresse com maior celeridade, desde a ONG Mulheres de Peito até o Instituto Patrícia Galvão. E ele ocorreu.

Então, o dia 25 de setembro de 2014 seria decisivo não só porque haveria a possibilidade de finalizar de vez a punição de Eduardo, mas porque todas as mulheres fechariam um capítulo trágico e exaustivo de suas vidas.

A sessão foi iniciada na tarde de uma quinta-feira ensolarada. Nunca se viu o tribunal tão cheio. O salão do Tribunal do Júri fica no quinto andar do Fórum Criminal da Capital, com capacidade para oitenta pessoas, e estava transbordando de espectadores, tanto dentro como fora, nas ruas. A fila para assistir à sessão começava no térreo do tribunal e subia até o quinto andar. Entretanto, apenas os familiares das vítimas, do acusado e pessoas autorizadas tiveram acesso. Um telão foi instalado no sexto andar para a transmissão do julgamento.

O júri foi presidido pelo juiz Antônio Maroja Limeira Filho. Na acusação, o promotor Francisco Sarmento estava calmo, mas sem perder a firmeza nas palavras e na postura. Para ele, aquilo era um jogo ganho, entretanto, sabia que não poderia vacilar. Francisco disse à imprensa na época que as provas eram contundentes: as vítimas detalharam como tudo aconteceu e existe a confissão dos corréus. "Acredito na condenação do acusado a mais de cem anos, pela barbaridade que ele cometeu." No inquérito policial, lembrou que existem provas de que as balas saíram da arma de propriedade dele. "Vou mostrar ao Corpo de Jurados o conjunto probatório e pedir a condenação", justificou.

Os advogados Ozael da Costa Fernandes, Arthur Bernardo Cordeiro e Harley Hardemberg Medeiros Cordeiro faziam a defesa de Eduardo. Ozael disse que sustentaria a tese de que seu constituinte é inocente, afinal, ele foi também preso em um dos quartos e não teria como participar dos estupros e mortes de Izabella e Michelle.

Familiares das vítimas e do acusado assistiam na plateia à sessão de julgamento. Isânia, amigos, parentes de Izabella e Michelle pediam a punição máxima. Na cidade de Queimadas havia "a expectativa do resultado pela pena máxima", a imprensa informava. Lilian Matias dos Santos Pereira, esposa; Lúcia dos Santos Pereira, mãe, e Antônio dos Santos Pereira, tio de Eduardo, não quiseram falar com a imprensa na época.

A sessão do júri foi aberta pelo juiz Antônio Maroja Filho, às 14h10, quando fez a leitura dos 21 jurados —um estava ausente no dia — para o sorteio dos sete que decidiriam o destino do mentor da Barbárie de Queimadas. O juiz leu a denúncia do Ministério Público narrando tudo o que acontecera naquela noite, 11 de fevereiro de 2012. Cinco testemunhas foram ouvidas: três vítimas dos ataques, o marido de uma das mulheres agredidas, além de um policial que participou da prisão do réu. A Justiça não permitiu que a imprensa acompanhasse os depoimentos. Depois das testemunhas, estava previsto o depoimento do réu, seguido dos debates entre promotoria e defesa.

O promotor Francisco Sarmento acusou dizendo que a arma usada para assassinar duas das cinco vítimas do estupro coletivo era do mentor e pediu a condenação máxima.

A defesa respondeu dizendo que recorreria na ata do julgamento e daria entrada em um recurso, afinal, afirmavam que as provas periciais foram desconsideradas na decisão. "A maioria delas inocenta o réu Eduardo desses crimes."

Francisco, por sua vez, avaliou que a pena era "perfeitamente compatível" com os crimes apontados. "Ele foi condenado em todos os crimes listados pelo inquérito policial", destacou.

A defesa de Eduardo pediu a absolvição do réu alegando que não existiam provas técnicas contra ele. Bateram nessa tecla até o fim: "Peço a absolvição por não existir convicção e por ter provas técnicas que mostram que ele não foi o autor nem dos homicídios, nem dos estupros", afirmou o advogado Arthur Bernardo Cordeiro. O advogado ressaltou que os exames não identificaram resíduos de pólvora nas mãos de Eduardo, nem nas luvas apreendidas com o acusado. Não havia impressões digitais nas armas também. Além disso, segundo Arthur, o réu forneceu material genético para a realização de exames de DNA.

"Com a consciência limpa de quem não cometeu crime algum, ele não se negou", afirmou o advogado, acrescentando que o exame de compatibilidade com o material genético identificado nas vítimas deu negativo.

Durante a explanação oral, o advogado Ozael da Costa Fernandes, que também integrava a equipe de defesa de Eduardo, destacou que houve contradições nos depoimentos das testemunhas de acusação e lembrou que o crime ocorreu na casa de Eduardo com sua esposa presente.

"Ele foi tão vítima quanto as mulheres que foram molestadas."

O promotor Francisco reafirmou que a arma usada era de Eduardo e que exames comprovaram que os projéteis retirados dos corpos das vítimas eram dessa mesma arma. Em sua sustentação oral, ele mencionou ainda que um dos adolescentes envolvidos no crime, Júnior Pet Shop, teria recebido a visita de um suposto advogado que ofereceu a quantia de 50 mil reais para que a versão dos fatos fosse alterada.

Em certo momento, determinaram o esvaziamento do plenário, a pedido do réu Eduardo, a fim de que pudesse melhor expor sua versão sobre os fatos. Ele trouxe a seguinte história: "Existe um grupo de pistolagem dentro de Queimadas e um dos pistoleiros do grupo foi contratado para me matar".

Eduardo afirmou que esses "pistoleiros" matam pessoas influentes de Queimadas e que ele sabia disso porque andava com eles. Na versão do réu, por ele saber demais, quiseram eliminá-lo. Disse que essas pessoas são lideradas por Ailton Cabatan e Toinho do Jogo, homens que mandam matar todo mundo de Queimadas. Afirmou que Preá, irmão do prefeito Carlinhos, estava envolvido com a suposta quadrilha também. Eles andavam juntos e Preá vivia querendo saber a fonte de renda de Eduardo, como ele vivia e tinha tanto dinheiro, afinal, já que Eduardo tinha uma moto e um carro, Preá duvidava que os objetos fossem legais, mas sim frutos de roubo.

Por conta disso, Eduardo prosseguiu dizendo que esse pessoal armou um assalto em sua casa. E apesar de ele mesmo ser suspeito de assaltos e outros crimes, afirmou que sua renda vinha da família que mora no Rio de Janeiro, de empréstimos a juros, troca de cheques, venda de terrenos e de motocicletas. E com isso se criou uma impressão na cidade de que ele era assaltante.

Eduardo também declarou que as armas usadas no crime eram de Ailton Cabatan e de Toinho do Jogo, e que a polícia sempre fazia batidas na casa do primeiro. Não fazia nem seis meses que Ailton havia matado um homem em Pernambuco. Ele repetia: "Nenhuma das armas pertencem a mim, as armas são de Ailton e ele deixa as armas na casa de Júnior Pet Shop [...]". Quanto às fitas Hellermann, ele afirmou que fez a compra, mas para encaixar a lanterna do reboque. De vez em quando, usava-as para amarrar a mangueira do caminhão. Ele sempre compra esses objetos na Marcelo Autopeças, e naquela semana foi até lá porque sábado iria para uma vaquejada e ajeitaria seu reboque.

Outra justificativa dada por Eduardo frente ao tribunal era que ele vivia fazendo festa em sua casa e nunca tivera problemas. Ele havia convidado para a festa do seu irmão apenas Preá, Dudu, Pryscila, Izabella, Michelle, Sheila, Vânia, Diego e só. "O resto foi aparecendo." Afirma que Preá foi para a festa, ficou pouco e foi embora, assim como Xande e Raiane. Dudu não foi, mas todos os outros convidados compareceram e foram indo embora antes do assalto. Eduardo ainda se defende mais, dizendo que nunca esteve em uma festa com arma de fogo, que não deu nenhuma orientação às meninas para que elas não falassem com a polícia, que Vânia era empregada de sua casa, passava o dia todo lá, e que se ele fosse tentar algo com ela, seria entre ele e ela em casa, sozinhos. Continuou estabelecendo argumentos de intimidade com as vítimas, afirmando que Pryscila já cuidara de seu filho. Com relação a Izabella, as palavras de Eduardo foram que ele "brincava com respeito com Ju, a colocava no colo, abraçava, ia com ela pra todo canto e que já foi sua cunhada e que as enxergava como irmãs".

Então ele volta a falar da pistolagem em Queimadas, afirmando que Preá é quem comanda para matar e que tem policial civil envolvido. Cabatan e Toinho, segundo ele, agem sob o comando de Preá, "que faz a limpa na cidade". Ainda diz que "Cabatan e Toinho, a mando de Preá, foram as pessoas que comandaram o assalto na sua casa e a ordem era esperar a melhor hora para matá-lo". Eduardo confabulou até o júri retornar ao tribunal. Perante o júri, Eduardo manteve sua negativa de autoria, afirmando ter sido apenas mais uma vítima, acrescentando que foi torturado pela polícia para confessar um crime que não cometeu.

O advogado de defesa Harley Cordeiro apresentou como testemunha um dos homens já condenados por participação no estupro coletivo, Fernando Papadinha, que tentou assumir toda a culpa pela elaboração e execução das mulheres. Papadinha reescreveu o seu depoimento, colocando-se como o mentor da barbárie e o mais brutal de todos os culpados. Inclusive, ele disse que havia deixado pessoalmente as armas com Júnior Pet Shop.

Papadinha "foi para Massaranduba [...] viu em uma reportagem que tinha sido Eduardo quem tinha matado as duas mulheres, aí disse: 'por que o rapaz está pagando, se quem matou fui eu?' [...]. Ele está arrependido pelo que fez e quem tem que pagar por seus erros é ele mesmo". Também negou ter recebido a oferta de 50 mil reais de um advogado para assumir o crime.

O promotor Francisco, diante do argumento de troca de culpado proposto pela defesa, continuou sua acusação dizendo que Júnior Pet Shop não havia aceitado a quantia de suborno, e Papadinha sim. Papadinha, por sua vez, afirmou que só Izabella foi estuprada, e que foi ele quem a estuprou e matou.

Para os policiais, Papadinha havia entregado o esquema dos irmãos, pois relatou como o fato aconteceu, diferente da sua fala perante o júri. Francisco reafirmou isso diante dos jurados.

Diante do exposto, os advogados de Eduardo repetiam que as perícias nas vítimas não encontraram qualquer perfil genético pertencente ao sexo masculino, tornando-se inviabilizadas as provas. Mas, nesse instante, Francisco ressaltou as oitivas dos menores, colhidas sob o crivo do contraditório, de que o estupro não teria como autor apenas Eduardo, mas tendo sido também praticado por outros, o que explicaria a incompatibilidade do perfil genético. "O resultado negativo do laudo sexológico não é, por si só, suficiente para descartar a materialidade da prática delitiva [...] sublinha-se, outrossim, a comprovação das lesões corporais sofridas diante da conclusão do laudo traumatológico."

Quanto à falta de resíduos de bala ou de chumbo nas mãos de Eduardo, também foi resolvido de acordo com a perita criminal:

> Tal conclusão não provoca a absoluta certeza de que ele não teria feito uso de arma de fogo naquela noite. [...] Vale salientar, com base em tudo o que foi exposto, que um resultado negativo no teste de residuograma de chumbo, por si só, não pode representar prova única e contundente do não uso de arma de fogo, e sim um suporte técnico para apoiar todo o conjunto de atos que envolvem uma investigação policial.

Não identificaram resíduos na luva que ele teria usado também, mas a conclusão foi a mesma: "A ausência de um resultado não implica [...] que não tenha sido ele o autor dos disparos, mas, apenas, que ele não teria usado aquela luva no fatídico momento".

Sublinharam o depoimento de Júnior Pet Shop, em que ele disse que após efetuar os disparos contra as vítimas, Eduardo teria jogado pelo caminho de retorno para casa as luvas usadas, as quais não foram posteriormente localizadas pela polícia.

Chega-se à conclusão, em meio ao turbilhão de informações, depoimentos, falas e contradições, de que Eduardo "tinha ele, a todo tempo, a ciência e o domínio do fato, sendo responsável por coordenar todos os atos e comandar todas as ações delitivas dentro da residência". Fora que estranharam o fato de somente as mulheres de Eduardo e Luciano não terem sido molestadas naquela noite.

Após dezessete horas, aconteceu o que a maioria já esperava: Eduardo dos Santos Pereira foi condenado a 106 anos e quatro meses de prisão por ser o mentor da Barbárie de Queimadas. O juiz Antônio Maroja Limeira Filho leu a sentença às nove da manhã da sexta-feira. Eduardo foi considerado culpado pelos cinco estupros, dois homicídios, formação de quadrilha, cárcere privado, corrupção de menores e porte ilegal de arma. Recebeu ainda pena adicional de um ano e dez meses por crime de lesão corporal de um dos adolescentes envolvidos na Barbárie.

A coordenadora geral de Acesso à Justiça da Secretaria de Políticas para as Mulheres da Presidência da República, Aline Yamamoto, estava presente no julgamento e disse: "Este julgamento é emblemático e serve como exemplo contra impunidade no Brasil". Gilberta Soares conta que, apesar da tensão durante o julgamento, o resultado significava um exemplo no enfrentamento à violência sexual. Ela, assim como Isânia e tantas outras que estavam presentes nesse dia, saíram mais leves do tribunal. Não que o peso ainda não as habitasse, mas ao menos elas podiam caminhar agora. "Nós só saímos do julgamento quando ele acabou, viramos a noite lá", disse a então secretária.

Guerra fria

Na segunda-feira, dia 13, ao assistirem aos noticiários do país comentando a Barbárie que abalou Queimadas, bem como às prisões gravadas pela imprensa, a cidade estava em choque, em crise e dor. "Até hoje não processamos muito bem essa informação, o que aconteceu", disse Isânia, "a gente entendia que era necessário silenciar, afinal, não sabíamos quem estava por trás. Queríamos que a imprensa desse visibilidade ao caso, mas tínhamos medo de nos expor."

Pryscila não tinha falado nada publicamente. Mas, foi na edição daquela segunda-feira do programa *Mais Você*, apresentado por Ana Maria Braga,* que a cidade ficou sabendo de detalhes e quem eram os principais suspeitos. Posteriormente, durante a semana, a imprensa procurou Fátima, Bezinha, as mães das vítimas do feminicídio. Elas não desejavam falar, mas Isânia dizia para sua mãe: "Você precisa falar, mãe, você é mãe, e precisamos que esse povo fique na cadeia". E elas falaram. E até hoje falam.

Ainda nesse período conturbado, o promotor Márcio e a juíza Flávia estiveram na casa de Isânia para saber como era Eduardo no período em que foram casados.

---

* Disponível em: <https://www.youtube.com/watch?v=jKFyMtq68bw>. Acesso em: 1º jun. 2023.

Uma pessoa tranquila, que não bebia, não fumava, não tinha vícios. Mas essa foi a pessoa que eu conheci. A que eu convivi, casei, fui para o Rio de Janeiro, era muito estranha. Era como se eu morasse sozinha. Fui deixando o tempo passar… Ligava para mainha, dizia que eu estava muito sozinha, e ela respondia que isso era coisa do casamento. Chegou ao ponto de eu dizer que não aguentava mais: não podia conversar com minha mãe nem com a dele, não podia conversar com ele, era angustiante. Até que chegou um dia que falei com a minha mãe que queria terminar e ela disse que não queria filha separada dentro de casa. Relatei tudo isso para o promotor e para a juíza, que ele era pesado, não me dava atenção, e eles já começaram a estranhar a nossa relação. Sempre teve algo de errado, mas na época eu não percebia.

Quando questionada se ela teve apoio de Queimadas após o crime, Isânia responde:

Tanto da cidade como de fora, mas eram dez envolvidos, ou seja, dez famílias. E elas se viraram contra nós. Mesmo assim, recebemos visita de padres, pastores, instituições, amigos… Muita gente apoiando. Diziam também: "eu não vou praí porque sou amigo dos familiares de um dos meninos, mas eu tô do lado de vocês".

Os próprios familiares dos culpados não admitiam que falassem deles como culpados. Eles iam ao promotor Márcio e diziam: "Olha, Isânia tá lá falando deles sem prova, não achou nem DNA e ela falando bobagem". Isânia, ao recordar aqueles dias, abaixa a cabeça, irritadiça: "Claro que não achou DNA, vários sêmens misturados não têm como identificar ou provar de quem era mesmo. Foi uma luta grande. Continua sendo, mas é que em 2012, 2013, foi intenso: a família dos dez iam direto ao promotor reclamar de mim, e seu Márcio dizia: 'Isânia, pare de ficar falando disso por aí, que o processo já tá correndo, que já tá sendo resolvido', que eu não precisava me expor".

E Isânia não abria a guarda:

Dr. Márcio, fomos para a imprensa porque quem vivencia isso somos nós. É na nossa pele. Essa ferida aberta é a gente que sente. Eles já tão apagando, mas queremos que eles permaneçam com a dor, como nós. Ninguém vai esquecer a história dessas mulheres, ninguém. Aí era sempre assim, uma guerra mesmo: passávamos perto da mulher de Eduardo, Lilian, e ela nos xingava. E claro que não ficávamos caladas, respondíamos também. Revidávamos sempre. Aí chegava no ouvido do promotor e ele tentava equilibrar o duelo. Dizia que Lilian queria me processar, para eu me acalmar. Jamais me acalmaria.

A tia de Abraão é madrinha de Isânia e tinha um carinho imenso por ela, como se fosse sua segunda mãe. Isânia conta: "Ela não tem culpa, entregou um DVD sobre alguma coisa do perdão, mas nem assisti, porque é difícil sequer olhar para ela, infelizmente. Por mais que eu queira entender que ela não fez nada, ela por ser tia dele, eu sei que o defendia. Apoiava. Estava do lado dele. Quando Abraão saiu do Lar do Garoto, a primeira coisa que ela fez foi um almoço na sua casa. Então assim... Eu hoje a vejo como uma figura que não faz parte da minha vida. Rosa, a mãe de Abraão, dizia que ele não fez nada e eu sei que ele foi uma das pessoas que mais maltrataram Pryscila".

Isânia afirma que ela, assim como seus familiares e alguns de Michelle, quando veem os meninos na rua, os menores que na época não foram presos, mas ficaram detidos no Lar do Garoto durante um período, o seu sangue esquenta.

Abraão mora aqui ainda, refez a vida, tem filha, é casado... Um dia o encontrei no mercado e gritei para ele: estuprador, estuprador! E sua mãe quis bater de frente. Eu sei que tô errada em fazer isso, mas é difícil. E assim, Abraão mesmo quando saiu do Lar do Garoto ainda se achava, ele passava na frente da nossa casa tirando onda, gritando, até que Petrúcio e Durval se juntaram com um povo e o ameaçaram. Iam matar ele, já tava certo. Desde então Abraão nem olha para gente nem passa perto das nossas casas. Só anda de cabeça baixa. Então, assim, depois de tudo que fizeram, ainda precisamos ameaçar esse povo para ter o mínimo de respeito?

Certo dia, Abraão buscou um bolo numa loja em frente à casa da mãe de Michelle. Bezinha pegou uma pedra, jogou em sua direção e bradou: "Não passe na frente da minha casa. Você merece um tiro bem no meio de sua testa!". E ela é uma mulher centrada, mas perdeu a razão. Sobre o ocorrido, Bezinha comenta: "Ele com a mulher e filha... na porta da minha casa, depois do que fez. Ele ficou tão destreinado que quase não ligou o carro direito". Nesse dia, ela também enviou uma mensagem para Isânia, de madrugada, dizendo que não conseguia dormir.

Uma das grandes hecatombes dessa guerra fria foi a tentativa de sujar o nome das vítimas. Viola, o tio de Abraão, começou a dizer que Izabella era garota de programa. Na cidade diziam que até George Paulino, por ser gay assumido e sempre andar bem arrumado, além de ter uma moto e dinheiro, também fazia programas. "Fiquei doente de ódio", afirma Isânia. "Porque Viola não tinha o direito de dizer isso, ele conheceu nosso pai, nos conhecia, e sabia que Ju e nenhum familiar nosso fazia programa."

Para lidar com os comentários de Viola, Isânia teve de reunir uma pasta com documentos, certificados, o currículo de Izabella, para tentar justificar ao delegado e ao promotor da cidade que o tio de Abraão a estava difamando. "Se ela comprava um vestido de marca era porque trabalhava!" O delegado disse que não precisava justificar e intimou o tio e outros familiares de Abraão para, na presença de Isânia, ouvi-la dizer que não queria mais escutar tais comentários. Depois desse dia, Viola nunca mais falou nada. Mas ele só era um entre vários. Fizeram perfis falsos no Facebook falando mal dos Monteiro, falando que Izabella fazia programa e era conhecida como "oncinha", porque cobrava cinquenta reais. Isânia batalhou muito contra essas difamações, e embora a angústia não passasse, percebeu que de nada adiantaria, e que não precisava provar nada para ninguém. Transformou a angústia em embate: Isânia explorou bem a mídia, contratou um advogado com visibilidade na Paraíba, Félix Araújo, e nunca deixou de enfrentar os detratores.

Quanto ao desfecho dos outros envolvidos, Abraão e Ewerton, ainda vivem em Queimadas, mas quase nunca saem de casa. Júnior Pet Shop morou em São Paulo, mas voltou para a cidade, onde raramente é visto.

A respeito de Lilian e Sheila, companheiras dos irmãos Pereira à época, Isânia afirma que elas sabiam e foram cúmplices ou passivas ao crime.

A cultura patriarcal é muito forte em Queimadas. As mulheres de Luciano e Eduardo, olha, tenho certeza de que elas sabiam de tudo, mas acabaram sendo vítimas também. Lilian passou por um processo de ir entendendo quem Eduardo era. Tenho mil problemas com ela, mas depois que conheci o feminismo, entendi os vários tipos de violência que sofremos, acabei conseguindo ter um pouco de empatia. Sei que ela tentou terminar com Eduardo, mesmo tendo ficado com ele enquanto estava preso. Ela ia visitá-lo, visita íntima, acredita?

Então de repente ela não quis mais ficar com Eduardo, mas o filho deles, João Pedro, ficou sabendo e contou para o pai. Daí Eduardo enviou um recado pra Lilian por meio de seu advogado, exigindo que ela voltasse a visitá-lo na cadeia, ameaçando que se ela não fosse, diria que ela foi cúmplice do crime e faria da vida dela um inferno. Queimadas inteira ficou sabendo. Então Lilian, com medo, voltou a visitá-lo, mas chegou um período que ela desistiu mesmo. Graças a Deus. O filho deles abandonou a mãe e foi morar com o bisavô materno. Na época, ele tinha sete anos. Olha só que absurdo, sete anos com esse tipo de comportamento. Culpabilizando a mãe. Que tipo de homem vai se tornar? Espero que mude. Hoje em dia Lilian não tem acesso ao menino. Ela voltou ao Rio de Janeiro, ficou um tempo, mas voltou em 2019 para Queimadas.

Com relação a Sheila, Isânia conta:

> Na verdade, ela era amante de Luciano. Na época saiu na mídia, em todo lugar, até nos processos, que era cônjuge dele. Mas não. A esposa verdadeira de Luciano sabia da existência de Sheila. Quando Luciano foi preso, Sheila deixou de vê-lo, mas a esposa continuou com ele enquanto estava na cadeia, é algo inacreditável, parece até ficção. E depois de todo esse furacão, Sheila refez a vida dela em Queimadas.

Isânia, mesmo sendo tão corajosa, assume ter receio do futuro. Diego Gordo já estava em regime semiaberto, aqueles que cumpriram pena no Lar do Garoto estavam à solta na cidade, mas ela achava que o pior ainda estaria por vir: as solturas de Eduardo, Luciano, Papadinha a preocupavam bastante. É chocante saber que esse medo ainda é real: "Agora que nós conhecemos a índole desses irmãos, é impossível ficarmos tranquilas".

Ela relata que todos os anos, em 12 de fevereiro, coloca outdoors na cidade como homenagem a Izabella e Michelle. Como a personagem Mildred Hayes, interpretada por Frances McDormand, no filme *Três anúncios para um crime*, que coloca outdoors na entrada da cidade de Ebbing, Missouri, para alertar a todos do assassinato da sua filha, que não foi solucionado. A ação também serve de alerta, é um grito impresso.

A gente procura não esquecer, procura falar toda hora do crime. No aniversário de morte das meninas sempre fazemos alguma coisa para a cidade lembrar. Acho que essa é a única forma de colocarmos medo neles. Só imprimindo a verdade em alto e bom som para nos escutarem. Pois um dia vão sair, e nós, como ficaremos? Eles virão se vingar?

Pryscila pensa nisso diariamente, porque acha que voltarão para matá-la. Depois de Júnior Pet Shop, o alvo seria ela. Isânia conta que tem um pesadelo recorrente: Eduardo corre atrás dela pelas ruas de Queimadas, todas escuras como buracos negros, vielas eternas, e ele atira nas costas dela, rindo, enquanto grita "foi ele, foi ele". Segundo ela, tem esse sonho porque muita gente ainda o defende. Afirmam que é um homem bom, que ajudava todo mundo, era gentil e bonito. Até hoje, depois das provas, do julgamento, ainda tem gente que o considera simpático.

Luto em luta

> *Eu estou vestido com as roupas*
> *e as armas de Jorge*
> *Para que meus inimigos tenham*
> *pés e não me alcancem*
> *Para que meus inimigos tenham*
> *mãos e não me toquem*
> *Para que meus inimigos tenham*
> *olhos e não me vejam*
> *E nem mesmo um pensamento eles*
> *possam ter para me fazerem mal*
>
> "Jorge da Capadócia", Jorge Ben Jor

Atualmente, Isânia é coordenadora do Centro Estadual de Referência da Mulher Fátima Lopes, em Campina Grande, e atua como articuladora de políticas para as mulheres do município de Queimadas. A ex-secretária de estado da Mulher e da Diversidade Humana, Gilberta Soares, lembra com felicidade dessa conquista de Isânia:

> Ela se inscreveu no concurso e eu torci bastante para que passasse, mas Isânia ficou em segundo lugar. Então, a candidata que passou em primeiro entrou no mestrado e decidiu seguir a carreira acadêmica. Isânia assumiu, e aquilo foi uma maneira de ela transformar a sua dor em algo prepositivo.

Iraê Lucena, ex-secretária da pasta, foi quem esteve na implantação do Centro, junto com Gilberta.

O ativismo feminista deu a Isânia o fôlego necessário para sobreviver após a morte da irmã. Quando ela articulou pela primeira vez um evento feminista em Queimadas, a palestrante pediu para as mulheres presentes que se identificassem como feministas levantassem as mãos. Só Isânia e a delegada Juliana Brasil ergueram o braço. Com o tempo, mais eventos como esse chegaram na cidade, e hoje o número de mulheres que levantam suas mãos e as bandeiras do movimento aumentaram. "É preciso ser teimoso para as coisas darem certo", afirma Isânia. A vontade de lutar, de transformar "luto em luta", bordão que sempre repete em suas entrevistas, nasceu por ter certeza de que se ela fosse a vítima, sua irmã Izabella faria o mesmo.

"Continuei minha luta por entender que era necessário, que poderia acontecer comigo também, mas acima de tudo por entender que Ju faria o mesmo. Eu me fortaleço nessa luta." Isânia passou a estudar, fez especialização em políticas públicas, em gênero e raça, e entrou no Centro Estadual, onde é uma profissional reconhecida e querida por todos.

"No mesmo ano da Barbárie, ocorreu o estupro e assassinato da estudante Ana Alice de Macedo, de dezesseis anos. Me diz como a gente pode parar de lutar?", questiona.

A então secretária de estado da Mulher e da Diversidade Humana, Lídia Moura, se afetou bastante com a Barbárie e buscou contribuir com o movimento feminista na época do crime. Ela afirma que houve uma resposta do governo, principalmente com a celeridade na hora de julgar e prender os culpados. "Ao menos houve essa reparação, do ponto de vista do direito, e um alento para as famílias e as pessoas que sobreviveram a essa Barbárie."

Quanto às políticas públicas, ela diz que a Paraíba conta hoje com todos os serviços da Lei Maria da Penha, apresentando à população casas-abrigos e centros de referência (um em Campina Grande, outro em Sumé). Em 2019, o programa Patrulha Maria da Penha, que faz o acompanhamento de mulheres que pediram medidas protetivas aconteceu na cidade. O então governador da Paraíba, João Azevêdo, buscou ampliar esse programa para todos os municípios. "Estamos no caminho e isso nos anima." Em outras frentes de atuação, a secretária cita a rede de atenção às mulheres vítimas de violência, o suporte para os grupos feministas do estado, a ampliação de capacitações de mulheres vítimas de violência, o programa Empreender Mulher, entre outros.

Em Queimadas, a delegada Juliana Brasil diz que o número de crimes contra a mulher diminuiu bastante desde a construção da Delegacia Especializada da Mulher, mas que ainda é difícil fazer as vítimas terem coragem para denunciar. Ainda existe um discurso violento e depreciativo que busca legitimar os crimes contra as mulheres, basta ver a Barbárie. Ao sugerir que as vítimas eram prostitutas ou que mereceriam o acontecido por simplesmente terem comparecido à suposta festa de aniversário num sábado à noite, os comentários na cidade legitimam outras atitudes semelhantes, culpabilizando as vítimas, e não os agressores. Por isso, os movimentos feministas são fundamentais, pois é preciso pressionar e demonstrar indignação diante de tamanha violência, fato reconhecido pelas famílias das vítimas.

A campanha #SomosTodasMulheresDeQueimadas mobilizou boa parte do Brasil e ainda é uma bandeira forte que necessita ser levantada diariamente, para que nunca caia em esquecimento e para que homens e mulheres saibam da importância de se lutar contra o feminicídio.

Durante este trabalho, foi recorrente encontrar pessoas comentando a última postagem de Izabella no seu perfil do Facebook: a letra da música "Jorge da Capadócia", na versão dos Racionais MC's. Essa postagem, escrita no dia 10 de fevereiro de 2012, foi uma premonição, segundo os conhecidos da vítima. Fátima, só ao ouvir falar disso, se emociona: "Era como se ela soubesse".

Durante as entrevistas realizadas na casa dos Monteiro, vivenciei momentos muito bonitos e marcantes. Diversas vezes

Isânia passava por lá para visitar a mãe e os irmãos. No último dia em que estivemos lá, eu e Ana Caline, uma imagem que não ficou registrada nas câmeras nem nos gravadores revelou-se como uma das mais importantes do nosso trabalho: ver Fátima, Pryscila e Isânia conversando na sala, fortes, vivas, em um momento banal de descontração, sem o peso, mas com o presente da vida. Uma esperança que ninguém seria capaz de quebrar. As cortinas da casa balançavam nas janelas, havia o sofá diante da televisão, a cômoda com a foto da família, o porta-retrato de Izabella, a luz que nunca se esvaiu daquele lar. Do lado de fora, após o convite de Fátima para tomarmos "um arzinho lá fora", o céu estava lindo, cheio de estrelas, uma daquelas típicas noites de Queimadas, inesquecíveis. O agreste e a gente, a brisa, enfim, uma paz.

A lua, cheia de cicatrizes, nos observava, silenciosa e mergulhada em milhões, bilhões de estrelas. Os vizinhos do lado de fora, como em toda cidade pequena, saíam para conversar, tomar um ar, passar o tempo. A escuridão, ao menos nessa noite, não teria chance alguma de se destacar no meio do oceano branco que nos encarava. No dia seguinte, talvez, a escuridão recaísse sobre Queimadas, mas elas continuariam lutando ou ainda sobrevivendo.

Talvez essa seja uma das razões para que permaneçam em Queimadas, fora as econômicas e sociais. É uma posição forte: ficar e resistir. Trata-se de uma atitude afirmativa, de uma decisão de não ser a vítima que se espera que sejam. Ao alimentar a vida, andar de moto pela cidade a 120 quilômetros por hora depois de passar por uma experiência-limite, carregando um luto e despejando gasolina pelas estradas. É poder assumir a raiva e gritar que transformou o luto em luta em todos os canais de televisão, rádios e jornais possíveis da Paraíba, do Brasil.

Resistir é mais que um verbo, é uma ação inexorável. É peitar homens queimadenses, o machismo, a cultura que assassina mulheres diariamente, é dizer que não vai desistir perante a relutância da política viril e alucinatória dessa cidade, é saber jogar, assumir sua posição no tabuleiro, mas também transgredi-la. Elas assumiram esse local em Queimadas e irradiam luz por meio das atividades que exercem, seja no Centro de Referência da Mulher, seja nos eventos e palestras que ministram. Assumiram pela linguagem uma posição de combate. E a vida é isto: palavra sobre palavra, ação sobre ação, construindo uma coisa que podemos chamar de recomeço, vida nova, solução. Sair de Queimadas era a posição esperada delas, mas será que o trauma também seria levado pelo caminhão de mudança? Ele continuaria ardendo. Ficar, encarar aqueles que foram punidos e hoje estão livres com suas vidas, cravar um outdoor na BR-104 expondo a sujeira que está debaixo do tapete, fincar uma bandeira no meio do agreste paraibano em letras garrafais que essa terra é delas também e que dali não sairão.

Parte 3

A mãe da menina da Barbárie

Às 20h59 do dia 20 de março de 2020, Ana Caline me enviou uma mensagem que me arrancou do chão: "Bruno. Dona Fátima faleceu. A mãe de Izabella". Ao contrário do que se pode supor pela data, devido ao decreto da emergência da pandemia de covid-19 no Brasil, Fátima faleceu de câncer. Apesar disso, há quem diga que ela morreu de tristeza. Morreu no dia do aniversário do seu marido, Petrônio. Foi uma mulher que superou de todas as formas possíveis os impactos do luto, não sem ter sido ferida por ele.

Ela era conhecida e muito respeitada pela população de Queimadas. Diversas pessoas com quem conversei na cidade falavam dela como "a mãe da menina da Barbárie". Dona Bezinha também deveria ser incluída nesse epíteto, entretanto, dona Fátima assumiu o protagonismo provavelmente por conta da popularidade da filha assassinada e por ter se isolado completamente em casa, saindo raramente.

Uma fonte chegou a dizer que, desde o crime, só saiu duas vezes de casa. Esse mito se propagou sem ser de todo falso. Fátima, de fato, saía muito pouco. Carregava consigo crises de ansiedade e síndromes de pânico. Um medo que a assolava tremendamente e que pode ter se intensificado com a vida de reclusão.

Por conta do decreto, preferi não ir ao velório. Ana concordou. Gostaria bastante de ir e por vezes me arrependo de não ter ido, mas foram tempos difíceis. Com a pandemia, a forma como nos despedimos dos nossos se tornou mais distante. Ana me enviou uma foto do velório que chegou até ela pelo WhatsApp.

Pouquíssimas pessoas velaram uma pessoa tão importante para a cidade. Foi um período de tristeza e distâncias, sobre o qual, no Dia das Mães daquele ano, Isânia postou em suas redes sociais: "Esse com certeza será o Dia das Mães mais difícil de nossas vidas".

Enviei uma mensagem desejando meus sentimentos, à qual ela respondeu: "Ainda estamos sem acreditar, a ficha só está caindo agora. Mainha era nossa fortaleza e exemplo de garra. Passou oito meses acamada, três meses no hospital, entrou em coma, mas tivemos o privilégio de ver um milagre acontecer: ela saiu do coma. Nessa volta para casa, ainda passou quatro meses com a gente até a sua partida. Deixou o seu legado, para que possamos seguir seu exemplo".

Ter tido a chance de conversar com Fátima me deixa grato.

"Tenho certeza de que painho já a aguardava para que juntos estivessem unidos, nos guardando e protegendo, como sempre fizeram", disse Isânia. "Mainha vive em nós, painho também. Que a saudade seja sempre motivo de lembrar do amor que nos uniu enquanto família e nos faz ter muito orgulho de ser filhos de Petrônio Monteiro e Fátima Frazão", confessa Isânia.

Morrendo em vida

Alguns meses depois da morte de Fátima, em 20 de setembro de 2020, a Barbárie de Queimadas voltou a fazer parte de meu cotidiano. Embora o crime já tivesse sido julgado havia muitos anos, seus desdobramentos pareciam não cessar. A história estava viva. Recebi uma atualização do caso que faria com que a superfície de aparente normalidade desmoronasse.

O crime é um recorte da vida de um homem, mas, muitas vezes um único recorte pode condená-lo até a morte, ainda que tenha cumprido sua pena. Foi o que pensei quando entrei no grupo do WhatsApp "Queimadas Acontece" e vi uma pessoa chamada Silvana comentando no grupo: "Bom dia. Hoje de madrugada (umas 2 da madrugada) escutei muito barulho seguido que lembrava tiro. Teve uma pausa e depois outro barulho seguido de novo. Longe de onde moro. Alguém sabe o que foi ou foi engano meu?".

Um minuto depois veio a resposta por uma mensagem encaminhada do contato ~Val: "Assassinado por volta das duas em Queimadas — PB, a vítima conhecida por Jacó era um dos acusados de participar do estupro coletivo. Foi em frente ao Escritório Bar no Castanho".

Silvana responde: "Nossa! Foi muito tiro".

Um contato que se apresentava no grupo apenas como MSC também disse algo que me inquietou bastante: "Fazem questão de dizer que ele participou dessa merda, mas por que não falam o que ele tava fazendo para vencer na vida?". Em seguida, um emoji de coração partido.

Silvana respondeu: "É porque o que fazemos de errado sempre vai ficar marcado na cabeça do povo, e sei lá, se estivesse arrependido e quisesse mudar para melhor não ficaria no mesmo lugar, não. Eu teria me mudado daqui. Mas cada um sabe o que faz, enfim. A sentença da vida".

Houve um silêncio por vezes entrecortado por mensagens políticas encaminhadas, até que às 23h59, o contato Ana disse: "Aqui se faz, aqui se paga. É a lei do retorno: matou, morreu. Se ele não devesse não estava morto, não importa o que estava fazendo para mudar. Essa é a lei da vida. Me desculpa, mas...".

Não houve mais menção ao assassinato de Jacó de Sousa no grupo. Só a sugestão de que ele teria sido executado a tiros. Porém, a mensagem do contato MSC me fisgou. Afinal, é no mínimo inusitado uma pessoa decidir defender publicamente, em um grupo com tantas pessoas, um condenado de um crime tão conhecido na cidade. Pensei que poderia ser um amigo de Jacó. Talvez até parente. A única certeza era de que a mensagem valeria uma investigação.

Antes de tomar fôlego para puxar assunto com MSC, comecei a vasculhar alguns sites que já haviam noticiado o assassinato de Jacó. No Blog do Márcio Rangel, um dos jornalistas mais influentes de Campina Grande, havia a foto de Jacó baleado no chão, com a camisa aberta, mas vestindo shorts. Um sangue seco contornava seu corpo. Entrei em contato com Ana Caline para saber se ela conhecia mais detalhes do ocorrido.

Ana respondeu que já esperava que poderia acontecer isso: "Tá vendo, avisei você sobre o perigo de Queimadas", seguido de uma risada. Ela falou que ele tinha cumprido um terço da pena e estava em liberdade condicional por bom comportamento. Ana disse que me mandaria uma informação importante. Um pouco mais tarde, ela me envia uma mensagem encaminhada: "Disseram que tinha um papel perto do corpo que dizia 'começou agora'".

Ela pergunta se quero ver uma fotografia do corpo, ao que respondo que sim, pois a do portal estava censurada. Ossos do ofício. A minha ex-parceira de trabalho me provoca e sugere que eu ache uma coisa escondida na foto. Busco e não encontro nada afora o corpo ensanguentado de Jacó. Peço para ela me contar. Ana faz uma graça e envia outra mensagem encaminhada: "Amarraram os pés, igual eles fizeram com as meninas no dia do estupro".

Amplio a fotografia e não consigo ver os pés amarrados. Continuo conversando com Ana e investigando o assassinato de Jacó pelos comentários das pessoas nos blogs e no Blog do Márcio Rangel. Boa parte dos comentários dizem que ele mereceu, outros expressam frases como "bandido bom é bandido morto", entre outras.

No começo da tarde, recebo mais de uma mensagem perguntando: "Você viu?". No canal TV Borborema, o programa *Patrulha da Cidade* transmite uma matéria sobre o assassinato. Cercado pelas notícias, decido conversar com uma amiga que sempre me passou boas e verdadeiras informações: a policial civil Laura Costa Miranda, do departamento de homicídios da delegacia de Queimadas.

Ela diz que, na verdade, Jacó fugiu da detenção e estava em Queimadas escondido. "Entrei em contato com o Fórum de João Pessoa, onde ele estava, para conseguir o mandado de prisão em razão da chamada 'quebra de albergue'. Daí me enviaram o mandado, fomos atrás, mas ele já tinha fugido porque alguém postara no Facebook que ele estava por lá. Enfim, sei que houve um homicídio e quando identificaram, ele era a vítima."

Laura me enviou o mandado de prisão dele, de março de 2020. Ela ainda diz que, quando finalmente conseguiu o documento, ele já havia fugido. Conclui: "Só sei que o cara ser condenado a trinta anos e pouco, cumprir praticamente um terço disso, receber um benefício de albergue e ainda não cumprir... Deus me perdoe, mas teve o que merecia".

Pergunto sobre os outros culpados que também estavam no albergue e ela diz que talvez devessem estar cumprindo o mandado. "Não pode sair do regime fechado para a liberdade total, sempre se passa pelo semiaberto, que é o albergue, primeiro." Naquele momento, os únicos culpados da Barbárie que permaneciam presos em regime fechado eram Eduardo, Luciano e Fernando Papadinha.

Agradeci a informação e aproveitei para tirar a limpo as informações que Ana havia me repassado sobre o bilhete ao lado do corpo de Jacó e do enforca-gato em seu tornozelo. Laura afirma que tais detalhes são boatos, "conversa do povo". Nada de novo no front. Não sei até onde Laura daria detalhes do que achou da cena do crime para mim, mas prefiro acreditar no relato dela de que "ele tava estirado no chão, só baleado". Já sabia de bastante coisa, mas precisaria mergulhar mais no assunto e percebi que o contato MSC poderia ser minha porta de entrada para isso.

Assim, preparo um texto de apresentação para o contato misterioso, dizendo que vi a mensagem dele no grupo e que ela me chamou atenção, pois estou escrevendo sobre a Barbárie. A resposta é automática: "A MSC agradece seu contato. Como podemos ajudar?". Depois outra: "Agradecemos sua mensagem. Não estamos disponíveis no momento, mas responderemos assim que possível, a MSC agradece seu contato, até mais".

Aguardo alguns minutos, ansioso, e uma resposta não automática chega às 13h10: "Boa tarde, ele é meu irmão", acompanhada de um emoji de coração partido. O contato MSC revela ser Jaqueline Conceição Sousa. Ela está à disposição e há anos quer mostrar o que aconteceu na cidade: o outro lado que não foi ouvido. Desejo meus pêsames, digo que quero fazer algumas perguntas, e ela diz que prefere que seja pelo WhatsApp, não por ligação, no máximo por áudio, já que não estava em condições de conversar. Faço algumas perguntas e aguardo. Ela responde em um áudio com a voz chorosa, nitidamente sinal da lida com o luto e as suas consequências.

A mensagem era a seguinte:

> Jamais... Jacó nunca participaria disso se ele soubesse o que Eduardo realmente queria. Nunca. Jacó, assim como os outros meninos daqui, eram de família, bem-criados... Aqui na cidade, fora isso, ninguém nunca ouviu falar coisas ruins dele. Eles eram bons. Aí eu tenho certeza de que se Jacó soubesse o que ia acontecer ali, jamais participaria daquilo. Porque quando chegaram na casa, eles viram que só Eduardo tinha arma com munição de verdade: eles foram vítimas de Eduardo também. Não existia condição para que eles se salvassem ou salvassem alguém. Com uma arma na cabeça? Tinha não. Eduardo tomou os celulares deles, as armas que ele entregou para os meninos eram todas sem bala.

Quanto a pergunta a respeito do modo como eles lidaram com o crime na época, Jaqueline respondeu:

> Com relação a como lidamos com isso... Na época foi uma mistura. No dia que eles foram presos ficamos sem acreditar que ele tinha participado de uma coisa dessas. Eu como irmã, que vi a criação, sabia que tinha alguma coisa errada, sabia que ele não participaria disso por vontade própria. Aí, quando fomos visitá-lo na cadeia, ele foi contando o que realmente aconteceu com ele e com os outros meninos também. Fomos entendendo tudo. Assim como as meninas, eles também foram vítimas. Como eles iam fazer algo para se defender ou defendê-las, se eles estavam com uma

arma na cabeça? E naquela época a gente sofreu muito por causa das meninas... O jeito que elas morreram foi muito cruel. A forma como Pajuçara morreu, ninguém merece aquilo. Nós sofremos pela nossa família, que tava ali morrendo em vida, e também por elas, pelas mães delas... Nos colocamos no lugar delas.

Jaqueline afirma que Jacó não tinha amizade com os irmãos. O único amigo dos anfitriões da festa era quem havia convidado Jacó e os demais. Pelos depoimentos nos autos, é possível que seja Papadinha ou Jardel.

"A própria esposa de Eduardo disse que nunca viu Jacó com os irmãos, sabe? Foi uma amizade em comum que levou Jacó até aquela noite."

Ela envia um áudio sussurrando:

E ó, ele não tava morando aqui não... ele tava albergado lá no presídio de João Pessoa. Por conta da pandemia ele foi liberado e não conseguiu emprego, daí veio passar uns dias aqui com a minha mãe. Aí, nisso, a gente deu emprego para ele na MSC, minha loja de material de construção. Como a gente sabia que ele não poderia estar aqui na cidade, ele sempre trabalhava com chapéu, cobria o rosto, usava calça, blusão, óculos escuros e máscara... Para ninguém reconhecer ele. Mas mesmo assim a família deles lá do outro lado... A irmã de Pajuçara... Ela sempre passava aqui xingando ele, inclusive nessa sexta-feira ela passou aqui na frente jogando uma bolsa em direção a ele, só não pegou porque ele tava de moto.

Pergunto se essa irmã é Isânia. Jaqueline confirma. "É. Isânia não perdia a chance de insultá-lo, mesmo ele fazendo de tudo para não encontrar ninguém da família das vítimas."

Jaqueline diz que, por outro lado, o povo da cidade os tratou bem, sempre, pois a grande maioria sabia que os rapazes envolvidos no crime também foram vítimas. "Desde o começo da pandemia, quando ele foi liberado do regime semiaberto, os dois irmãos de Isânia passavam aqui o insultando. Passavam na casa da minha mãe intimidando a ela e a ele, quando Jacó estava lá. Eles sabiam a hora que ele ia estar, porque ele almoçava na mãe todo dia."

Jaqueline reforça que o irmão estava tentando correr atrás do prejuízo em que ele foi envolvido. Trabalhando diariamente, tentando se tornar um bom homem novamente.

> Ele ficava triste com tudo isso, sabe, até dizia: "Deixa ela fazer o que quiser, ela só quer me prejudicar…". Jacó era como uma criança… Acabou a alegria da gente. Porque ele era muito alegre, brincalhão, não tinha maldade no coração. Era pra ele viver com medo, e ele achava que ninguém ia fazer isso com ele. Ele tinha a inocência de pensar que ninguém ia fazer isso com ele.

Ela reforça que Jacó estava em Queimadas desde o começo da pandemia, que ia a João Pessoa assinar documentos do regime semiaberto e voltava para casa. Fala ainda que as famílias dos outros envolvidos têm condições de ajudá-los, mas a deles não: "Minha mãe estava bem endividada por conta de empréstimo para advogado. Pagamos na época sete mil e agora mais três mil para ele ficar em albergue. E pagamos outros mil para transferir ele de João Pessoa para Campina Grande. Ainda faltam dois mil reais de empréstimo".

Tento perguntar sobre a origem deles, sobre a criação na família. Ela responde prontamente: "Meu pai morreu há dezessete anos e nós crescemos juntos. Meu pai era viúvo quando conheceu minha mãe. Tenho dez irmãos por parte de pai. Mas de minha mãe mesmo eram só Jacó, Sara e eu".

Questiono também a respeito das atividades de Jacó no dia, antes de sua morte:

> Ele trabalhou até a uma da tarde, aí foi para o sítio com meu esposo e meus filhos. Quando chegou, foi dar uma volta com a namorada, então em vez de vir para casa foi para um bar com os amigos dele que eram daqui mesmo. Foi neste bar que o mataram. O vigia aqui da rua veio me avisar na hora que aconteceu, por volta das três da madrugada. E eu fui lá para confirmar.

Nesse momento, Jaqueline copia e cola uma mensagem de Cris, namorada de Jacó. O que me faz perceber que ela já havia contado para outras pessoas que conversava comigo.

> Fale a ele como era seu irmão, o coração bondoso, o quão trabalhador e esforçado ele era. Brincalhão, estava buscando seus objetivos de vida e queria ter sua casa, ter sua estabilidade financeira, ter sua família, que não tinha medo nem preguiça de trabalho e que tudo o que ele fazia era com um lindo sorriso no rosto. O quão carinhoso ele era com a família. Você conhece ele mais do que eu, vai saber definir bem as qualidades que ele tinha.

No print da tela que ela mandou da conversa, a fotografia do contato está visível. Vejo que a namorada de Jacó é uma moça bem jovem.

Agradeço pelas respostas, e Jaqueline me envia várias fotos de Jacó: ele com crianças, sorridente com os companheiros de trabalho na loja de construção. Emojis infestam a conversa. Ela fala: "O que aconteceu na época foi uma precipitação, todos foram colocados como estupradores e assassinos sem nenhum tipo de prova, quando as provas saíram foi tarde demais".

A conversa não acabou ali. Jaqueline me questionou durante o resto do dia, querendo saber se eu trabalhava em jornal, quando a matéria sairia. Entendo a ansiedade e o luto de Jaqueline. Durante a semana, acompanhei as postagens dela na seção de stories do WhatsApp. Eram fotos e vídeos de Jacó se divertindo, brincando.

Jaqueline também compartilhou no aplicativo a seguinte postagem do irmão, que em sua agenda de contatos aparecia como Jacola: "Senhor, me proteja do mal, que o Senhor está vendo meus esforços, eu queria ter o que eu tinha antes: liberdade e poder andar onde eu nasci. Me dê uma oportunidade de eu conquistar quem me quer o mal, o Senhor é fiel".*

Jaqueline comenta que ele não era o monstro que pensavam, e que só Deus sabe a dor que é encontrar esse depoimento do irmão.

De acordo com o advogado Diego Buiú, a morte de Jacó estaria mais ligada à ética das ruas: "Dizem que ele morreu por dívida de droga da cadeia. A galera se coça para um cara desses vacilar para cobrar o vacilo atrasado. Ele vacilou indo para Queimadas, ficando na cidade…".

Diante da morte de Jacó, percebo que se forma um padrão de comportamento na repercussão da notícia. Sempre que algum dos condenados da Barbárie morrer, as pessoas dirão que foi por vingança. Isso não ocorrerá só com eles, mas com as vítimas sobreviventes também. A vingança aparecerá como argumento plausível. Uma eterna resposta àquele 12 de fevereiro de 2012 que não acabou e nunca vai acabar.

Para escrever sobre a morte de Jacó, precisei buscar novamente no grupo as mensagens iniciais sobre o assassinato. Coloquei "assassinado" no campo de pesquisa do aplicativo,

---

* Alguns textos das conversas de WhatsApp e as transcrições de postagens passaram por correções ortográficas e gramaticais para facilitar a compreensão.

pois o nome "Jacó" também resultava em ocorrências do ex-
-candidato a prefeito Jacó Maciel, e o grupo estava repleto de
mensagens políticas. Nas buscas, demorei a encontrar as informações sobre o assassinato de Jacó de Sousa. Pelo caminho, me deparei com inúmeras outras mensagens como "Vi-
gilante é assassinado no bairro Tião do Rêgo em Queimadas",
"Ex-presidiário conhecido por sinuca é assassinado", "Veja
local onde homem foi assassinado e corpo jogado dentro de
reservatório na cidade de Lagoa Seca — PB", "Homem assassinado em Pocinhos é filho de PM e morava em Campina
Grande — PB", "Homem é assassinado e corpo tem cabeça
decepada em Gado Bravo — PB", entre outras. Então, após
um longo fluxo de crimes, cheguei a "Assassinado por volta
das 2:00 em Queimadas — PB, a vítima conhecida por Jacó,
um dos acusados de participar do estupro coletivo. Foi em
frente ao Escritório Bar no Castanho".

   O Escritório Bar fica atrás da igreja onde Michelle foi
assassinada.

Judas errante

"Nunca pensei em ficar feliz com uma fuga", dizia uma postagem nos stories do WhatsApp de Jaqueline Conceição Sousa. Na mensagem seguinte, ela dizia: "Que pena que foi fuga, queria mesmo que tivesse sido tudo nos conformes, pra ver se iam jogar bolsa nele, insultar ele, fazer o que fizeram com meu irmão, quem faz aqui, aqui mesmo paga, tô realizada só nesse pavor que vc está sentindo, querida". Dois emojis de gargalhadas vinham em seguida.

Inicialmente fiquei intrigado com as mensagens, mas meu WhatsApp amanheceu bombardeado não só pelas mensagens da irmã de Jacó, mas com a informação de que o mandante da Barbárie de Queimadas, Eduardo dos Santos Pereira, havia fugido do presídio PB1. Parecia brincadeira, um pesadelo absurdo, mas não: na noite de terça-feira de 17 de novembro de 2020, entre sete e oito horas da noite, Eduardo foi acompanhado por um agente penitenciário até o almoxarifado do presídio e fugiu pela porta lateral.

O grupo "Queimadas Acontece" já comentava o assunto, inclusive com textos enormes dizendo que Luciano também tinha fugido. Diante do acontecimento urgente, conversei com Ana Caline, que também procurava saber mais sobre a fuga. Mandei mensagem para a policial Laura Costa, para o advogado Francisco Pedro e para Isânia, que respondeu ser "um absurdo", prometendo me atualizar caso tivesse mais novidades.

Logo os fatos foram chegando. No site *G1 Paraíba* disseram que somente Eduardo fugira pela porta lateral, não o irmão.

Fuga possivelmente facilitada por alguém de dentro e "de cima", afinal, em teoria seria improvável alguém fugir de um presídio de segurança máxima sozinho e pela porta.

Em seu blog, Márcio Rangel deu a notícia em primeira mão, confirmando que Eduardo era o único fugitivo. Boa parte das pessoas pensavam que Luciano havia fugido e compartilhavam esta notícia falsa pelos diversos grupos de WhatsApp dos quais eu fazia parte:

> Nesta manhã (18/11/2020), após apenas (8) anos do crime que ficou conhecido em todo Estado da Paraíba como A BARBÁRIE DE QUEIMADAS, onde houve um ESTUPRO COLETIVO, seguido de duas mortes, fugiu da Penitenciária PB1 em João Pessoa, o MENTOR do crime: Eduardo Pereira dos Santos e seu irmão Luciano Pereira dos Santos. A sociedade clama por resposta quanto às facilidades encontradas para essa fuga. Este criminoso (à direita da foto, de blusa cinza) foi responsabilizado por esse crime e condenado a 108 anos de detenção, 30 em regime FECHADO, seu irmão (à esquerda da foto, blusa branca com azul) 43 anos. Precisamos de respostas, POR QUE ESSA FACILIDADE EM OBTER ESSA FUGA PELA PORTA DA FRENTE DO PRESÍDIO? #SomosTodasMulheresdeQueimadas.

Tentei desmentir essa mensagem com cuidado e delicadeza, informando que só Eduardo havia fugido. Para algumas pessoas, a minha mensagem era um grão de areia no deserto. Continuavam exclamando "impunidade", "absurdo", "como pode", "o governador já se pronunciou?". A notícia por si, fosse a fuga de um, fosse dos dois, despertava uma onda de indignação. Nos comentários da postagem de Márcio Rangel, a raiva da população era nítida também.

Para minha surpresa, quem fez a primeira publicação no grupo "Queimadas Acontece" foi "Pry Monteiro", que logo vi ser Pabola das Neves, Pryscila: ela passou aquele dia inteiro lançando informações no grupo, de maneira intensa e constante. Aquela coragem que outrora ela esbanjava, de se expor e partir para cima dos culpados em busca de uma solução, havia retornado com força total.

O perfil no Instagram da Marcha Mundial das Mulheres de João Pessoa lançou um vídeo com diversas militantes indagando: "Como as vítimas serão protegidas? Como Eduardo, mentor do estupro coletivo de Queimadas, fugiu do presídio de segurança máxima pela porta lateral e se mantém foragido? Quando ele vai ser recapturado?".

Nas mensagens diretas do meu perfil no Instagram, alguns conhecidos compartilhavam a notícia para mim. Eu repetia: "Já estou sabendo e apurando".

Uma explosão de informações começaram a aparecer. Na televisão, na internet. O caos de 2012 aparentava ter retornado. Quem poderia imaginar que Eduardo fugiria da prisão dessa forma?

A policial civil Laura enfim me retorna, contando que soube da fuga durante uma reunião na central de Campina Grande. "Sem condição", ela falou em um áudio gravado, "tenho nem palavras para falar. Porque a falta de atenção, falta de consideração com a questão prisional no estado é uma coisa absurda. De não ter o mínimo de segurança num presídio grande como esse aí, a ponto de causar uma fuga dessas... É o descaso completo, total do Estado." Ela também afirmou que acha difícil ele estar pela Paraíba ou pelo Nordeste, e que com certeza já devia estar longe.

Fui até a conversa com o advogado Francisco Pedro, que também me respondera, confirmando e dizendo

> não temos qualquer reclamação à pessoa deste bandido, pois quem tá preso quer realmente fugir. Nossa tristeza é

com relação ao Estado, que privilegia bandidos desta estirpe. Aliás, nós sempre acompanhamos a vida deste marginal. Ele levava uma vida de privilégios dentro do sistema penitenciário. Era tido como rico, fazia o que queria, até festa! E ele recebia visita de mulher, de tantas, que até trocava de mulher dentro do sistema. Terminou nisso. E a família das vítimas que aguente! Isânia acabou de perder a mãe de tanta tristeza e ninguém vê isso. A Justiça cumpriu sua parte, agora é a justiça de Deus... Que deixe Eduardo viver como um Judas errante.

Após ler as mensagens, indaguei: "E o senhor sabe o motivo de ele ter tantas vantagens lá dentro?".

"Família bancava ele lá dentro."

Confirmo se foi só Eduardo que fugiu.

"Só ele. E está certo de ser só ele mesmo. Luciano tá perto de progredir a pena. Faltam só dois anos."

"Por bom comportamento?"

"É. Na cadeia, ele só dorme e sai para o trabalho externo."

"Eles devem ser bem relacionados lá dentro para conseguir essas coisas."

"Eduardo mandava." Respondi: "A pior parte são as vítimas, Isânia e Pryscila, ambas devem estar com muito medo agora".

"É isso mesmo, mas eu já falei para elas tirarem isso da cabeça. Ele é um bandido safado e só quer saber de fugir e se esconder agora, nada mais."

"Também acho, duvido muito até que fique pela Paraíba, já deve tá arrumando um jeito de voltar ao Rio de Janeiro. Será?"

"Ele deve ter ido a uma hora da manhã, no avião que sai de João Pessoa neste horário."

"A polícia descobre fácil isso?"

"Descobre nada. Ele muda tudo lá e dá certo para ele. Pagou gente grande para fugir."

A conversa termina. Uma pessoa me envia um vídeo de alguns policiais capturando um homem de forma agressiva no meio da rua, dizendo que aquele era Eduardo. Encaminho para Laura, que desmente. Volto dizendo para ela não espalhar, pois era falso. As hashtags #ABarbáriedeQueimadasnãoficaráimpune, #AindaSomosTodasMulheresdeQueimadas e #SeuSilêncioéConivente se espalham pelas redes sociais. Muitas pessoas se dirigem até o perfil do governador do estado, João Azevêdo, e do secretário estadual de Administração Penitenciária da Paraíba, Sérgio Fonseca, pressionando por respostas com essas hashtags, principalmente "Seu silêncio é conivente".

Neste dia 18, a única resposta oficial foi "Um procedimento administrativo vai apurar a facilitação de fuga do detento". Imagino que qualquer pessoa ligada a essa história, possivelmente, não conseguiu dormir naquela noite.

No dia seguinte, às 07h52, Isânia me escreve convidando para olharmos o Instagram de Sérgio Fonseca e pedirmos respostas. Confirmei que iria. Enviei mensagens de conforto e reafirmei o meu desejo de recapturarem Eduardo o mais rápido possível. Pergunto se houve algum pronunciamento do Estado sobre a fuga, ao que ela responde: "Silêncio total. Revoltante, nada de informações até o presente momento. Um inquérito pode estar aberto ou não. Quem nos garante?".

Ainda no dia 19 houve um pronunciamento oficial de Sérgio Fonseca. De acordo com o secretário, o agente que estava na custódia do preso foi indiciado por facilitação culposa. As investigações continuariam tanto por parte da Polícia Civil quanto por meio de procedimento administrativo para descobrir os detalhes da fuga. Eduardo trabalhava havia mais de um ano no almoxarifado como forma de reduzir a pena, e testemunhas afirmavam que tinha bom comportamento.

"Todos os policiais e agentes de plantão foram encaminhados para a delegacia para prestar depoimento. Apenas um agente, que estava na custódia do preso, foi indiciado por facilitação culposa. Ele também vai responder por procedimento administrativo na SEAP", disse.

O secretário afirmou que o procedimento administrativo e o inquérito policial apurariam a facilitação da fuga. Os policiais investigados teriam direito à defesa e ao contraditório. As imagens das câmeras de segurança também seriam direcionadas à Polícia Civil e à equipe encarregada do procedimento administrativo.

No dia 24, véspera do Dia Internacional pela Não Violência contra a Mulher, a deputada estadual Estela Bezerra gravou um vídeo comentando a fuga de Eduardo do PB1. "Nossa exigência é que o poder público se posicione: pela punição de quem facilitou a fuga, e pela recaptura do preso."

Inúmeros perfis de militantes compartilhavam o seguinte texto: "IZABELLA, MICHELLE, Ana Alice, Sandra, Viviane, Rayanne, Gabriela, Eloá, Marielle e tantas outras, PRESENTE! Não iremos nos CALAR, parem de nos MATAR! #SOMOSTODASMULHERESDEQUEIMADAS".

No dia 26 de novembro, mais atualizações. A Secretaria de Estado da Segurança e da Defesa Social da Paraíba aciona a Polícia Federal, Polícia Rodoviária Federal e polícias de outros estados do país, além de órgãos de sistema de inteligência, como a Interpol, para recapturar o fugitivo. Segundo o secretário executivo da Segurança e da Defesa Social, Lamark Donato, as providências da investigação da fuga já foram tomadas. Além disso, um delegado especial foi designado para presidir as investigações. "Estamos unindo todos os esforços para buscar o fugitivo e punir os culpados. Estamos trabalhando intensamente neste caso", disse.

A secretária da Mulher e da Diversidade Humana, Lídia Moura, emitiu nota prestando solidariedade às mulheres que sobreviveram ao crime bárbaro, além das vítimas e respectivas famílias. "Ficamos perplexas e estamos atentas neste caso tão extremo, que afeta a todas nós. Apoiamos o Movimento

Feminista e de Mulheres da Paraíba nas ações e articulações para que o fugitivo seja recapturado o mais rapidamente possível. Após a apuração dos culpados da fuga, pedimos a punição exemplar e severa."

Gilberta Soares, ex-secretária da Mulher e da Diversidade Humana, acha que Lídia teve uma postura institucional. Ela entende, pois nessa posição é necessário ter cautela, mas também acha que "é preciso ir pra cima" nesses casos. "Eu imaginei que poderia ter uma mobilização maior", disse.

Após essas notícias, não surgiram mais atualizações substanciais. Voltei a falar com Isânia, que continuou sem ter nenhuma informação. Pryscila deixou de encaminhar links no grupo "Queimadas Acontece". Só há silêncio.

No dia 17 de dezembro, o site *Brasil de Fato* publicou um artigo com o título "Fuga do mentor do estupro coletivo de Queimadas completa um mês sem respostas."

Um trecho do artigo diz:

> No momento [da fuga], quatro policiais penais faziam a segurança do setor e foram levados à Central de Polícia para prestar esclarecimentos. Um deles foi autuado por facilitação culposa e liberado. Segundo a Polícia Civil da Paraíba, a facilitação é culposa porque a ação não teve a intenção de provocar a fuga, no entanto, um processo administrativo foi aberto para apurar todos os fatos.
>
> No dia 24 de novembro, envolto na revolta do caso, o Movimento de Mulheres e Feminista da Paraíba, do campo e da cidade, lançou uma nota pública onde denuncia a fuga de Eduardo e pede proteção ao Estado para as vítimas e seus familiares, e às testemunhas do caso.
>
> A nota também cobrava do governador da Paraíba, João Azevêdo, um pronunciamento público a respeito do ocorrido. Até o momento nenhum pronunciamento foi feito.

"Até mesmo, nem o afastamento do diretor do presídio foi feito, pois em qualquer situação de motim esse seria o procedimento, mas como para o Estado, a fuga do mentor do estupro coletivo e assassino de duas mulheres não significa perigo à sociedade, tudo segue normalmente", desabafou a militante Ana Cristina, da Marcha Mundial das Mulheres. Na nota, o movimento pergunta: "Como alguém foge andando pela porta lateral de um presídio de segurança máxima?".*

A pergunta permanece.

* "Fuga do mentor do estupro coletivo de Queimadas completa um mês sem respostas". *Brasil de Fato*, João Pessoa, 17 dez. 2020. Disponível em: <https://www.brasildefatopb.com.br/2020/12/17/fuga-do-mentor-do-estupro-coletivo-de-queimadas-completa-um-mes-sem-respostas>. Acesso em: 1º jun. 2023.

Você faz parte dessa história agora

Avançando mais um ano na história, chegamos a 2021 e a mais um dia 12 de fevereiro. Como de costume, Isânia e seus familiares rememoram Izabella, mas agora somam uma denúncia do presente. O outdoor costumeiro estaria fincado na entrada da cidade de Queimadas. Nele estaria escrito: "A Paraíba não esquece, 9 anos de saudade". A foto recorrente de Izabella e Michelle. Abaixo, a legenda "Eduardo preso já". Em resposta aos protestos, a Polícia Civil da Paraíba repete que está trabalhando incessantemente para recapturar o mentor da barbárie.

"A gente está trabalhando para tentar a recaptura dele. É um trabalho em conjunto com a Secretaria de Administração Penitenciária. Foi designado um delegado para investigar o caso. Mas a equipe tem feito um trabalho incessantemente, diuturnamente para tentar recapturá-lo", disse ao site *ClickPB*, o delegado geral da Polícia Civil, Isaías Gualberto.*

Uma foto do mentor do crime já foi divulgada para as diversas polícias do país. O trabalho conta com apoio de outros estados brasileiros. Entretanto, as famílias exigem mais celeridade no caso. A fuga por uma porta lateral de um presídio de segurança máxima reforça a queixa.

---

* Aline Martins, "Polícia Civil diz que trabalha incessantemente para recapturar mentor da 'barbárie de Queimadas', que completa nove anos". *ClickPB*, 12 fev. 2021. Disponível em: <https://www.clickpb.com.br/Policial/policia-civil-diz-que-trabalha-incessantemente-para-recapturar-mentor-da-barbarie-de-queimadas-que-completa-nove-anos-301642.html>. Acesso em: 1º jun. 2023.

O coronel Sérgio Fonseca, em entrevista ao mesmo site, destacou o trabalho em conjunto, mas pontuou as ações de cada órgão para recapturar o preso foragido. "Eu acredito que em breve nós iremos prender aquele camarada porque o crime que ele cometeu foi um crime bárbaro e espero que ele seja preso e retorne para o sistema", afirmou. Sobre o preso ter tido acesso à chave e fugido por uma porta lateral do PB1, o secretário estadual de Administração Penitenciária da Paraíba revelou que foi aberta uma sindicância pela sua secretaria e um inquérito pela Polícia Civil. "A nossa sindicância concluiu que deve sim ser aberto um procedimento administrativo aos policiais penais e estamos avançando", ressaltou.**

Da parte da família, Isânia me informou a respeito das ações que ocorreriam no dia. A primeira já havia sido feita: elas escreveram no asfalto quente da cidade, na frente da antiga casa dos irmãos Eduardo e Luciano, em letras garrafais, a hashtag #AindaSomosTodasMulheresDeQueimadas. Onde antes havia uma ilustração dos Guerreiros de Deus na casa, resta agora uma mancha redonda. O desenho foi apagado, deixando só os seus vestígios. A frase diante da casa é uma imagem forte, um recorte da luta travada há nove anos.

A outra ação planejada por elas seria uma audiência pública para debater o feminicídio e a violência contra a mulher na Câmara de Vereadores de Queimadas. Neste evento, o vereador Fabiano da Silva Pereira, do partido Podemos, apresentaria um projeto de lei, instituindo o dia 12 de fevereiro na cidade como o "Dia de Conscientização Municipal de Combate ao Feminicídio e à Violência contra a Mulher". No evento ainda haveria uma palestra do professor Herry Charriery sobre o tema

---

** Idem.

"Violência contra mulheres e feminicídio em Queimadas". Isânia mandou o convite das duas falas para mim.

Na noite do dia 11 de fevereiro, Isânia publicou a arte do outdoor em seu perfil do Instagram, acompanhada do seguinte texto:

> Talvez eu tenha me acostumado a viver na tua ausência, talvez tenha me adaptado a chegar na casa de mainha e ver seu quarto vazio, talvez eu já não te ligue mais pedindo orientações como antes, mas o que eu não deixei de fazer nesses 9 (NOVE) anos foram as minhas preces para que esteja bem, mesmo que distante de nós fisicamente, porque em essência você ainda permanece entre nós.
>
> Hoje relembro essa triste data (12/02/2012) que fez mudar o curso de nossas vidas e de tantas pessoas. São dias sem te ouvir, sem te ver, sem te abraçar, sem escutar os comentários seus sobre suas conquistas, sem poder te parabenizar em seu aniversário, sem poder conversar sobre suas viagens, seus planos, projetos e almoçar em família. Essa dor que carrego me tornou mais forte, me fez crescer enquanto mulher e enquanto SER. Hoje não vejo a vida como antes, sou criteriosa com tudo que se refere à concepção da raça humana, porque quem fere a dignidade humana não merece viver em sociedade. Toda atrocidade feita com você (Izabella) e Michelle jamais será esquecida, já a luta que tivemos que travar até aqui não foi em vão, nos mostra a mudança de mentalidade e o quanto fortaleceu para que mulheres e homens pudessem viver na perspectiva de uma cultura de paz.

Como de costume, atendo o convite para os protestos do dia 12 e mais uma vez retorno a Queimadas. No meio do caminho, dentro de uma das habituais vans que no conduzem até a cidade, vejo as paisagens de sempre. Lojas com manequins caídas. Mototaxistas acenando para o vazio. As pedras, a paisagem de natureza abundante hora ou outra interrompida por carros velhos abandonados, ferros-velhos que se tornam naturezas-mortas, os bares na beira da estrada, tapiocarias, bodegas, os estabelecimentos, a cidade voragem. O Subway que havia na entrada fechou, assim como a enorme loja com materiais de artesanato da família do Rêgo com cordéis, quadros, instrumentos, entre outros objetos turísticos da terra. Suponho que por causa da pandemia, muitos estabelecimentos e famílias da cidade não resistiram. Pouca coisa saiu imune àquele terror. Não seria diferente em Queimadas.

Desci da van, pedi para um taxista me levar até a Câmara Municipal. Ao chegar, havia poucas pessoas. Herry havia chegado, o cumprimentei, trocamos uma conversa trivial, e aos poucos os vereadores foram chegando, o público das palestras. Isânia veio acompanhada de outras pessoas, entre elas, Pryscila.

Após a fuga de Eduardo, Pryscila dera uma breve entrevista com o rosto coberto para o jornalista Márcio Rangel, mas Isânia me contou que ela não gostara da experiência. Cumprimentei as duas irmãs. Isânia abriu um sorriso simpático e disse baixinho: "Cá estamos de novo, né, Bruno".

"A história se repete."

"E você faz parte dessa história agora."

A Câmara de Queimadas é uma construção simples, bem cimentada, branca com detalhes vermelhos e portas de vidro. O local onde ocorreria a audiência pública era um salão grande com um púlpito no palco. Abaixo dele as cadeiras onde ficavam os vereadores. No começo da sessão daquele dia, eles votaram outra lei em uma sessão extraordinária, enquanto aguardávamos para a audiência. Depois, o presidente da Câmara, Ricardo Lucena de Araújo, em conjunto com outros vereadores, deu início ao evento. Isânia subiu ao púlpito, falou as suas verdades, as dores da Barbárie, o absurdo da fuga de Eduardo, e todos nós escutamos em silêncio.

Na palestra de Herry Charriery, ele apontou que o Brasil é o quinto país do mundo e o primeiro da América Latina nos rankings de países mais violentos contra a mulher. Ele recordou o estupro e a morte de Ana Alice, ainda em 2012, e de outras violências contra as mulheres que sucederam em Queimadas desde a Barbárie. Ao presenciar a fala, senti que todos os anos a história se repetia. Há melhorias, é claro, a própria Delegacia da Mulher, as ações de Isânia e da família são algumas delas. Entretanto, é difícil chegar neste mesmo 12 de fevereiro assombrado por um fantasma que não abandona a vida, percebendo que essas violências permanecem. Herry fala de como as mulheres das áreas rurais sofrem ainda mais. No final, apresenta os seguintes encaminhamentos ao vereador Fabiano, na condição de propositor da Audiência Pública e de compartilhamento com seus pares:

1. Criação de projetos de lei que busquem ampliar, consolidar e estender ações e políticas públicas de enfrentamento à violência contra a mulher;
2. Dialogar sempre com a sociedade e as instituições sobre a violência de gênero envolvendo a violência contra a mulher e demais segmentos sociais em situação de vulnerabilidade social;
3. Propor e exigir o cumprimento de atividades por parte do Executivo Municipal que amplie a participação da mulher nos espaços de poder de decisão;
4. Pautar temas relacionados à violência contra a mulher como prioritários e não como secundários;
5. Oficiar em nome da Câmara Municipal de Queimadas junto ao governo do estado da Paraíba, único e exclusivo responsável pela administração das unidades prisionais do estado da Paraíba, uma atitude urgente e legal, para recaptura imediata do apenado Eduardo

dos Santos Pereira, que estuprou e assassinou Izabella e Michelle no dia 12 de fevereiro de 2012.

Após essas cinco proposições, o vereador apresentou o projeto de lei aprovado por unanimidade, fazendo com que o dia 12 de fevereiro em Queimadas passasse a ser o "Dia de Conscientização Municipal de Combate ao Feminicídio e à Violência contra a Mulher". Houve aplausos.

A TV Arapuan estava presente no evento e entrevistou Herry e Isânia. Após outras falas, o evento terminou e Isânia convidou a todos e todas para ir até a frente da casa dos irmãos, onde estava a intervenção no asfalto. Um drone tiraria uma foto nossa e finalizaria a homenagem anual. Na saída, consegui falar com o vereador Fabiano e perguntei a ele sobre a importância da lei e o porquê de ele querer propô-la na cidade.

"Inicialmente", ele respondeu, "pensamos na mobilização e conscientização da população a nível local para prepararmos a geração atual e as futuras a amenizar a situação quanto ao feminicídio e a violência contra a mulher [...]. O que nós vemos na mídia, na televisão, nas redes sociais, é um percentual muito pequeno. As mulheres sofrem com a violência dentro de casa, com os companheiros, os filhos. E essa lei vem para ajudar a deixar a sociedade mais preparada e conhecedora dos seus direitos e deveres para combater essa situação caótica. Ela vem para contribuir e espero que com a instituição deste dia, Queimadas comece a despertar ainda mais a formar cidadãos conscientes com seus direitos e deveres."

Duas vans da prefeitura nos aguardavam para nos conduzir até a rua César Ribeiro, que no passado foi o palco do crime e que agora se tornara um espaço de reivindicação de justiça. Havia algumas mudanças na rua, como novos empreendimentos. Na frente da antiga casa dos irmãos havia uma enorme obra da prefeitura: o Novo Mercado Público de Queimadas.

Nem todas as pessoas que estiveram na Câmara migraram para a atividade em frente à casa dos irmãos, mas havia um bom número de participantes. Parlamentares, representantes da rede de proteção à mulher e familiares. Fizemos um círculo ao redor da hashtag que estava escrita no chão e o drone acima de nós fez um vídeo e uma fotografia.

Após o ato, todos se dispersaram. Cheguei perto de Pryscila, ambos sorrimos, pois ela já sabia qual era o assunto. "Serão perguntas rápidas, Pryscila, topa? Me passa seu número, pode ser pelo WhatsApp mesmo." Ela concordou, disse que daria certo, e me passou seu número. Eu gostaria de perguntar sobre o que ela achava da lei aprovada e se poderia ter algum impacto concreto em Queimadas. A partir da resposta dela, mandaria outras perguntas. Porém, a expectativa não se confirmou. Depois da primeira enviada, ela não me respondeu mais.

Alguns vácuos são mais eloquentes que palavras.

Parte 4

Shakespeare no agreste

> *A maneira mais eficaz de esconder um mistério simples é por trás de outro mistério.*
>
> Raymond Chandler

Em 2020, na eleição para prefeito de Queimadas, o ex-prefeito Jacó Maciel era o grande candidato para derrubar o prefeito da época, Carlinhos de Tião. Importante lembrar que, no período compreendido entre 2013 e 2016, Jacó foi prefeito em uma gestão polêmica. A 2ª Câmara do Tribunal de Contas do Estado (TCE-PB) imputou débito de R$ 2,9 milhões a Jacó, após apontar a realização de despesas não comprovadas com locação de veículos.

O pai dele, Francisco de Assis Maciel Lopes, também passou por problemas similares quando foi prefeito, entre 1997 e 2004. Em 2007, o Pleno do Tribunal de Contas do Estado rejeitou as contas da prefeitura de Queimadas de 2003, e Francisco de Assis foi obrigado a ressarcir R$ 280,4 mil referentes a gastos irregulares e desvios do FNDE e do Fundef, conforme o voto do relator.

Fora o confronto de sempre entre os Tião e Maciel, na eleição de 2020 haveria um ponto de giro shakespeariano na peleja: o irmão de Carlinhos, conhecido como Preá, figura icônica, citada por Eduardo em seu último depoimento no tribunal, desafiaria o próprio irmão e tentaria ser prefeito.

No grupo do WhatsApp "Queimadas Acontece", Preá e seu vice, Marcelo Cabeleireiro, candidatos pelo Patriota, enviavam áudios longos, alguns que chegavam a dez minutos, e movimentaram o ambiente digital em um frenesi tempestivo, criticando a atual gestão constantemente. A foto de perfil dos dois continha um fundo verde e amarelo, em que se lia o slogan "Queimadas merece respeito".

Para muitos pode ter sido um choque Preá ter decidido colocar o seu nome na disputa à prefeitura, tentando desbancar o próprio irmão, mas para quem conhece as dinâmicas de Queimadas, sabe que não seria nenhuma afronta. "Se em Queimadas tivesse uns quatro igual Preá, queria ver se as coisa não entravam na linha. Preá, vc é o cara", diz Josemir, um forte defensor do candidato. Preá é popular e muitos queimadenses o amam por ter começado, inesperadamente, a bater de frente com a própria família e por "falar a verdade, doa a quem doer". Ele grava áudios criticando o irmão, as injustiças da cidade e até conta alguns casos curiosos, cômicos, sobre si ou de outrem. Preá sabe como agitar a cidade e fazer seu próprio nome. Quando há algum assassinato ou crime, geralmente aparece no grupo mostrando-se indignado.

No período eleitoral, uma das estratégias de Preá foi expor às pessoas que ele e seu vice eram vítimas que estavam arriscando as próprias vidas com a candidatura. Marcelo Cabelereiro encaminhou a seguinte mensagem no grupo:

> Marcelo fala para Preá que tenho cuidado para não andar só ok pq tá mto perigoso para ele andar só por vários motivos de armar flagrantes de todos os tipos. Para prejudicar já tem mta gente. Em oração pedindo sua proteção à Deus minha mãe ora direto para ele se cuidar ok Deus abençoe a vcs!!!

Mensagens como essa eram recorrentes. Preá detonava os seus familiares, chamava de bandidos, assassinos, terroristas e sequestradores. Enquanto ele, segundo o próprio discurso, seria o único prefeito capaz de acabar com tudo isso que assombra Queimadas há anos.

Os Tião são figuras importantes da política não só de Queimadas, mas da Paraíba. Os irmãos Doda, Carlinhos, Joventino, Socorro e Preá estavam chegando a locais que o pai deles, o patriarca Tião, nunca imaginou chegar.

Em 2006, Tião do Rêgo, aos 66 anos, faleceu de câncer de pulmão. Mensagens como "uma vida pelas vidas de Queimadas" se espalharam. Partiu a lenda, o homem que fez todos os filhos usarem permanentemente o patronímico "de Tião".

Foi depois da morte do pai que Carlinhos decidiu entrar de vez na política, por mais que o patriarca não quisesse que os filhos o fizessem. O deputado estadual Doda, o atual mais velho da família a estar no meio, também se via cansado, mas permanece na labuta, por mais que sempre diga que está cada vez mais perto de parar definitivamente. Quem observa à distância pode pensar que esses homens comandam o mastro da família Tião. Porém, no fundo, quem move os pauzinhos por trás das marionetes é Socorro, a irmã. "Ela é a matriarca da família, quem manda", diz Diego Buiú, primo deles. "Eu a respeito demais. E Socorro faz o que precisa ser feito. Qualquer coisa. Até as últimas consequências."

Ao mencionar "o que precisa ser feito", Buiú se refere ao fato de a família precisar manter o nome da família tanto no jogo político como social, porém com uma nova roupagem. Era preciso tirar a carga de coronelismo, violência, truculência e barbaridade que sempre os rodearam. Eles desejavam se tornar retratos de um ideal de paz, harmonia, trabalho e desenvolvimento. "O melhor para Queimadas."

Socorro trabalha tanto a imagem da família que deseja que os seus filhos, Ricardo e Mariana, não entrem para a política, mesmo sabendo que provavelmente irão fazê-lo. Socorro também tem um casamento consolidado com um membro da respeitada família Lucena. O presidente da Câmara Municipal há cinco mandados seguidos, Ricardo Lucena de Araújo, é o marido dela. Um laço de afeto entre duas famílias amigas e parceiras na política e nos negócios.

É digno de nota que dentro das redes de influência de Eduardo estava o filho de Socorro. Ricardo era um grande amigo de Eduardo, fazia parte da sua turma, quase como o seu braço direito. "Ricardo era a retaguarda de Eduardo", disse Buiú.

Fora Ricardo, Eduardo também tinha relações próximas e de negócios com Preá e Diego Gordo.

Diante dessas conexões, a família sabia que precisava aparar algumas arestas e arrancar alguns galhos da árvore genealógica para não serem malvistos. Mas perceberam que havia um membro que não se dobraria a essa nova versão dos Tião: Preá.

Quanto mais destaque eles ganhavam na sociedade, mais Preá se tornava um problema. Os seus vícios, o perfil grosseiro, a visão de trabalho bruta, tudo isso foi se tornando insustentável. A paranoia de Preá, algo que os preocupava bastante, chegava até as últimas consequências. Fora que o seu perfil irritadiço de quem sempre arrumava briga e polêmicas era uma questão a ser resolvida.

De acordo com um familiar, o grande problema de Preá era ser o homem que resolvia os problemas dos Tião. O que "sujava as mãos". Há relatos de que já matou pessoas e que comandava grupos de pistolagem a mando da família, relato reforçado por Eduardo no dia de seu julgamento. Eram diversas as histórias e problemáticas que poderiam vir a pesar bastante para os Tião. Portanto, Socorro precisava jogar essa sujeira embaixo de um tapete. Eles chegaram longe, avançariam mais e, portanto, não poriam tudo a perder.

A narrativa da família, "que faz bastante sentido se pararmos pra ver", afirma o advogado Diego, é de que Preá estava adoecendo. Para não prejudicar a imagem da família e tirar ele de cena, Preá foi internado compulsoriamente por uma equipe que o buscou em seu trabalho e o internou. A família o convenceu a assinar uma procuração que dava plenos poderes a ela, o que fez Preá perder sua independência e liberdade. Ao sair da internação, ele se virou contra a própria família. Os parentes dizem que ele está vendo coisas por conta da doença, pelo abuso de substâncias ilícitas e pela paranoia que não para de crescer e o contamina diariamente. De fato, diante das acusações da família, Preá pensa que está sendo seguido e ameaçado constantemente.

Nos grupos de WhatsApp, principalmente no "Queimadas Acontece", era normal que Preá expusesse a família, inclusive tendo divulgado a procuração que, de acordo com ele, foi obrigado a assinar. Ele chama a internação de sequestro e vive repetindo que foi vítima. Afirma não ter mais a sua vida nem controle de si. Mas, diante dos argumentos de ambos os lados, a pergunta que ronda é: antes disso, ele tinha controle de sua vida? As paranoias estão atenuadas, mas a verdade ainda está lá. O que é real e o que não é? Preá grita para todos ouvirem que foi roubado pela família. E é assim que ele se junta com os rivais dos Tião, os Maciel, e se candidata a prefeito em 2020.

"Se for procurar herói e mocinho nessa história… Não acha", diz Diego Buiú — o primo dos Tião também afirma que considerar Tião e Maciel rivais é balela. "Eles são concorrentes. É como Hiper Bompreço e Extra. No fundo estão todos juntos e misturados. Ambos têm antecedentes nas ruas e formalizados. Coisa grande, crimes, problemas, acusações… Eles não podem brigar de verdade, senão um entrega o outro."

"Há um acordo de cavalheiros entre eles?", pergunto.

"Isso. Ninguém sai perdendo."

Ainda sobre o conflito entre Preá e a família, sua assessoria de imprensa divulga no grupo do WhatsApp uma nota:

> Em live avassaladora com recorde de público, Preá bate forte no prefeito e em sua gestão. […] Durante a live, Preá

foi incisivo e criticou duramente seu núcleo familiar, fazendo gravíssimas denúncias contra a gestão do seu irmão Carlinhos de Tião. Segundo ele, existem caminhões em nome de laranja que carregam lixo para a prefeitura [...]. Ele ainda atribuiu a matança dos cachorros que repercutiu em todo Brasil pelas redes sociais ao prefeito do município e apresentou vídeos em uma propriedade no Sítio Guritiba, onde foi descoberto o cemitério clandestino de cachorros. Até o momento a live foi visualizada por mais de 19 mil pessoas e foi considerada a maior live política da história de Queimadas até o momento.

Desde então, textos assim se tornaram habituais no grupo.

Carlinhos e sua família, por outro lado, esfriavam esse incêndio. Sempre manso, o prefeito em exercício não participava dos debates eleitorais com os outros candidatos e evitava falar do irmão. Focava em sua própria gestão, reforçando que Queimadas estava crescendo e continuaria nessa toada.

Ao comentar a ausência de Carlinhos em um debate, o contato Xandy do grupo "Queimadas Acontece" comenta: "Eu queria ter visto Preá falando umas verdades para Carlinhos de Tião. Verdade seja dita, Carlinhos não ficou com medo dos outros candidatos e sim do próprio irmão que sabe os podres dele tudo e iria falar tudo no debate de ontem".

Dado o cenário, o único candidato possível para derrotar a reeleição de Carlinhos era Jacó. O constante rival, ou melhor, o concorrente dos Tião.

No começo da transmissão da última live de Preá, é audível um jingle contra o seu irmão:

Quem tem os bens em nome de laranjas? É Carlinhos de Tião!
Quem tem a fama de ditador e tomador de terras? É Carlinhos de Tião!

Quem botou a mão nos peitos e perguntou à eleitora se os peitos tinham leite? Foi Carlinhos de Tião!
Quem fez acordo milionário com a família do seu vice? Foi Carlinhos de Tião!
Quem é a família que ganha rios de dinheiro na prefeitura? É a família de Tião!
Quem não fez nada pelo povo na pandemia? Foi Carlinhos de Tião!
A quem a prefeitura compra material de construção, merenda escolar, remédio e pão a três reais? É na família de Tião!
Quem correu do debate? Foi Carlinhos de Tião!
Quem tem o irmão deputado que foi citado na Operação Calvário? É Carlinhos de Tião!
Tá vendo aí que história bonita? Isso é que o povo de Queimadas precisa saber!
Né brinquedo não, viu... O povo não é besta não!

Depois de iniciada, a live prossegue com outra música similar em que outras questões do prefeito são citadas, relembrando que ele chamara uma eleitora de cobra preta, tinha "contratado" funcionários fantasmas recebendo altos salários na prefeitura, instalado elevador na calçada sem respeitar os comerciantes da cidade, obrigado os servidores a colocar adesivos no carro, de ter uma irmã, Socorro, que trata os outros a grito, de ter sequestrado o próprio irmão, questão sempre destacada, entre outros.

Diante das constantes acusações, Carlinhos chegou a abrir um boletim de ocorrência contra o irmão. No dia 21 de março de 2018, o documento diz que Preá estava em frente ao estabelecimento do irmão o ameaçando de morte, dentro de um veículo pertencente a esposa do próprio Preá. Ele estava acompanhado de um indivíduo. Segundo o prefeito, os dois estavam armados.

A troca de farpas da família era crescente e já havia escalado para a Justiça formal.

Fazendo uma pesquisa rápida no PJE do Tribunal de Justiça da Paraíba, é possível ver que Carlinhos já foi denunciado por falsidade ideológica, dano ao erário, improbidade administrativa e, entre outros, há um de sequestro e cárcere privado aberto pelo próprio irmão dele, Preá, processo que foi arquivado definitivamente em 20 de abril de 2021.

Além desses, é possível ver inúmeros processos da família Tião no PJE. Um que se destaca é o de Joventino Ernesto do Rêgo Neto, que já foi prefeito de Barra de Santana e em 2023 era secretário de Infraestrutura da prefeitura. No processo, ele foi julgado culpado de tortura. Um familiar confirmou o fato: Joventino, acompanhado de outras pessoas próximas, espancaram violentamente um rapaz que a princípio o teria assaltado. O caso foi julgado e Joventino, condenado; ele vem tentando recorrer a sentença. Há também processos de formação de quadrilha que incluem Joventino e seus irmãos Preá e Carlinhos.

Na família, Joventino é o bom vivant. Houve uma época que ele publicamente tinha seis namoradas. Alguns contatos que não quiseram se identificar disseram que uma delas era Pabola das Neves, Pryscila. A família Monteiro tem uma ligação forte e explícita com os Tião. Um exemplo disso é que Isânia e Pryscila fizeram campanha para Carlinhos na última eleição para prefeito, postando fotos nas redes sociais e participando de eventos.

A eleição para prefeito de Queimadas terminou da forma como todos já imaginavam: Carlinhos de Tião, do PTB, venceu com 56,16% dos votos. Jacó Maciel, do PSDB, ficou em segundo lugar com 38,84%. Preá ficou em terceiro com 3,95%. Apesar dos embates ferrenhos dos quais participam essas famílias e os próprios queimadenses, que levam a política a sério, ao pesquisar as finanças dos candidatos vê-se que não há ninguém em dificuldades. Carlinhos declarou patrimônio de 3 325 297 reais. Preá, por sua vez, afirmou ter 918 688 reais em bens. Ele é dono da Britamix, uma pedreira aberta em 2005, instalada às margens da rodovia estadual que liga Massaranduba a Campina Grande, na comunidade do Marinho. Também possuía a Extramix, empresa de mineração e construções, aberta em 2012. Doda declarou 4 552 541 reais. Jacó Maciel apresentou à Receita o valor de 501 285 reais.

Em 2018, a jornalista Amanda Audi, do portal jornalístico *The Intercept*, escreveu a matéria "O deputado 716%", na qual falou da riqueza monumental da família dos Rêgo, que atuam escondido da imprensa, do mundo externo, detendo poder, milhões de reais e pessoas. Audi foi até Queimadas porque "Doda de Tião foi o político eleito em 2014 que teve o maior aumento percentual de patrimônio durante o mandato, com curral eleitoral em cidades de até 100 mil habitantes, a esmagadora maioria no país. Sua riqueza cresceu 716% em quatro anos, passando de pouco mais de 500 mil para 4,5 milhões de reais, segundo dados do Tribunal Superior Eleitoral".*

Na página do Facebook "Grupo Político Tião do Rêgo" há uma postagem com uma foto de Doda divulgando a sua campanha para deputado. Na legenda, lê-se: "A maior herança que um homem pode herdar são os ensinamentos deixados, reforçados pelos exemplos de vida".

---

* Amanda Audi, "O deputado 716%", *The Intercept Brasil*, São Paulo, 26 set. 2018. Disponível em: <https://www.intercept.com.br/2018/09/26/sua-familia-controla-a-agua-o-leite-e-o-subway-comemos-uma-cabeca-de-bode-com-doda-de-tiao>. Acesso em: 13 jun. 2023.

O cemitério dos cachorros

Pelos processos levantados, vê-se que os Tião têm muitas histórias oficializadas e outras das ruas. Porém, eles sempre souberam esquivar a própria reputação de tais conversas. Nada os afeta de verdade, só passa de raspão. Talvez a Barbárie de Queimadas, em que Diego Gordo foi condenado, seja um ponto fora da curva. No entanto, como na versão das oitivas ele teria desmaiado e não cometido nenhum estupro, aos olhos da opinião pública e dos queimadenses fez com que ele saísse ileso, sendo visto como um bobo que estava na hora e no lugar errado. Afastado da família, Diego logo se tornou mais um fantasma para a história dos Tião.

Outra exceção à regra é o caso envolvendo Sebastian Ribeiro Coutinho. Segundo os autos, em Queimadas, no dia 29 de julho de 2013, Sebastian teria participado de um assalto a uma propriedade de Ronaldo Lucena, parceiro dos Tião, quando ele e outras pessoas importantes estavam reunidas para tratar de assuntos ilegais, como fraude de processos licitatórios. Poucos dias depois, Sebastian foi assassinado. Na época, um dos principais suspeitos de ser o mandante do crime foi Coriolano Coutinho, irmão do então governador Ricardo Coutinho, que estava na casa de Ronaldo naquele dia.

De acordo com Edilene Ribeiro, mãe de Sebastian, o filho não participou desse assalto e morreu em uma queima de arquivo:

> Ele trabalhou para um grupo político e era cabo eleitoral. No período que ele passou nesse partido, presenciou muita

coisa, principalmente as explosões a bancos, que estavam muito em alta naquela época. Ele presenciou divisões de dinheiro de banco, tráfico de armas e de drogas do grupo político, da organização criminosa.

Esse grupo político que ela menciona é o clã Tião do Rêgo.

Na época, a advogada responsável pelo caso Sebastian, Laura Berquó, gravou um vídeo em que acusa parentes e aliados de Doda de Tião, como os Coutinho, de matarem Sebastian e de formarem um bando em Queimadas para explodir bancos. Os acessos ao seu blog Epa Hey!, no qual o vídeo foi divulgado, chegou a números que ela nunca imaginou. Por ordem da Justiça, ela foi obrigada a remover o conteúdo, mas enfatizou: "Tiro o vídeo, mas não me calo! Só se me matarem!".

Em 2020, o caso Sebastian foi reacendido com o início da Operação Calvário: uma grandiosa investigação da Polícia Federal ao governo de Ricardo Coutinho. A operação desmembrou uma organização criminosa condenada por desvio de 134,2 milhões de reais dos serviços de educação e saúde. Apesar de ter havido condenações, até hoje o caso é uma incógnita, pois não se sabe se os culpados e as vítimas são verdadeira e exclusivamente culpados e vítimas ou vice-versa.

Os assassinos de Sebastian foram julgados e condenados no dia 26 de outubro de 2020 no 2º Tribunal do Júri, em Campina Grande. O julgamento durou onze horas. Por motivos de segurança, preferiram fazer em Campina Grande, não em Queimadas. Os culpados foram José Ailton Soares Gomes, conhecido como Ailton Cabatan, e Jamerson Sousa Silva, apelidado Neguinho Dente de Ouro, que receberam, respectivamente, a sentença de vinte e dezenove anos de prisão. Além do julgamento dos executores, a Justiça determinou a investigação dos possíveis mandantes do crime, a partir dos nomes citados no julgamento. É interessante notar que Eduardo, no dia de seu julgamento a respeito da Barbárie de Queimadas, ocorrido um ano depois da morte de Sebastian, cita Ailton Cabatan como um pistoleiro conhecido, que andava com eles como "um grupo coeso de amigos, todos se conheciam". Eduardo afirmou que Cabatan agia sob comando de Preá, "que faz a limpa na cidade".

No vídeo "Prefeito de Queimadas é acusado pelo irmão de mandar exterminar cães", postado em 17 de agosto de 2019, Preá aparece com um boné da Mercedes-Benz e uma camiseta em que se lê "We are Americans". Ele caminha até a porta de um sítio dizendo "Aqui é minha antiga pedreira". O local é rodeado de vegetação seca. Preá, ofegante, aponta para alguns ossos no terreno: "Ó, carcaça, osso de cachorro jogado em todo canto, pedaço de cachorro, quem sabe se não tem até gente enterrada aqui. Faz umas cova velha rasa [...]. Mataram mais cachorro aqui que...". Nos comentários do vídeo, há um feito por Edson Fernandes: "Esse Preá parece que perdeu a boquinha e agora mostra os podres que ele ensinou a fazer".

Dificilmente poderíamos entender a raiz da violência de Queimadas sem vasculhar tais famílias. São alicerces da cidade. Sem eles, Queimadas desaba. E a população, sabendo habitar uma terra batida de tantos segredos, prefere se calar ou se defender da forma que pode. Tudo parece estar ligado através de um cabo desencapado, eletrificado, pronto para implodir. O que o caso Sebastian tem a ver com a briga entre os Tião e a Barbárie de Queimadas? À primeira vista, nada. Mas alguns nomes insistem em aparecer nessas três crônicas. Seja o do pistoleiro Cabatan ou o de Preá e os seus irmãos. São todos amigos próximos, contatos. Eduardo andava com essas pessoas influentes e por trás delas e das suas camadas de respeitabilidade, ele influenciava e escondia suas feras.

Para tentar buscar um elo mais concreto entre tantos crimes, comecei tentando falar com alguém próximo a Eduardo: Preá. Conversei com ele pelo WhatsApp e disse que estava escrevendo um livro sobre a Barbárie, motivo pelo qual seria muito interessante coletar um depoimento dele, por ele ser uma figura importante em Queimadas. Preá me respondeu prontamente com um longo áudio, confessando ter ficado emocionado com meu convite, que teria muito a colaborar. Repentinamente, sem eu ter feito perguntas, ele começa a falar que na sua pedreira em Massaranduba tem vários materiais sobre a formação de Queimadas, sobre a Transamazônica, formação de rochas, que ele precisa procurar direitinho, mas tem. Entra em outros assuntos, em um fluxo visceral. Tentamos marcar um encontro, mas não conseguimos. Ele volta a falar comigo, diz que está muito ocupado, mas que posso dar uma volta de carro com ele para acompanhá-lo em seu dia a dia, para "ver como é a vida de um homem meio bronco como eu", e ri. Aceito o convite, mas novamente o encontro não acontece. Não insisti mais, até que certo dia ele me liga no meio da tarde. A voz apressada e nervosa começa a dizer que tem muito a colaborar comigo.

"Você sabia que a irmã da Izabella lá, a Tuxa, foi casada com o Eduardo?" Eu confirmo que sim. Depois ele diz: "e que a Pryscila era amante de um dos irmãos do prefeito?". Não respondo. Ele parece querer jogar lenha na fogueira, culpar os familiares de Izabella pelo crime cometido. Pergunto a respeito de sua relação com Eduardo, mas ele foge do assunto e diz que precisamos nos encontrar. Eu volto a tentar marcar uma data com ele, ele se esquiva.

Passado algum tempo, retomo o contato. Preá diz outra vez que está ocupado, mas que tem muito interesse em falar comigo. Faço mais algumas tentativas de contato. Mando mensagem, áudios, telefono, mas ele não volta a responder. Apesar do esforço em obter seu depoimento, ele se torna mais uma peça enterrada no cemitério e seus milhões de fantasmas feitos de latidos de gente e esquecimento: as minhas mensagens deixam de ser visualizadas.

"Perdão é uma palavra que não conheço"

A advogada Laura Berquó não recua. Branca, loira, é uma mulher de luta. Assumiu ser praticante do candomblé, mesmo tendo visibilidade na internet em um país com um número alto de intolerância religiosa. Em seu perfil no Instagram há a frase: "Todos têm medo do tempo. O tempo das pirâmides" e "Aquariana com ascendente em Touro". Fugindo do perfil que esperam dela ou de um comportamento "ideal" para sua profissão de advogada, essa postura fez com que seus inimigos a classificassem como "incompetente" e "louca". Corajosa, Laura já era uma figura conhecida na Paraíba por expor alguns casos emblemáticos de denúncias contra o Estado.

O meu intuito ao conversar com Berquó era conhecê-la melhor, entender em quais batalhas estava envolvida e ver se ela poderia contribuir com alguma informação a respeito de Eduardo. Desde o princípio vi que era uma pessoa com necessidade de falar. Por ter feito parte do Conselho Estadual de Direitos Humanos, presenciou muitas histórias, foi próxima de pessoas do governo e não se omitiu: "Eu não podia me calar vendo tanto absurdo".

Laura pede para eu ter cuidado com quem converso, pois "tem gente com cara de bom, mas não confie. Há pessoas que dizem defender pessoas desfavorecidas, minorias. Cuidado. Eu vi o inferno e a hipocrisia dessa gente". Peço para ela citar uma dessas pessoas que se utilizam de discursos progressistas para cometer crimes ou omiti-los. Além do próprio ex-governador Ricardo Coutinho, com quem ela trava diversas batalhas judiciais, Laura fala de uma figura conhecida. Uma figura política que sempre foi aliada e boa fonte para o caso da Barbárie de Queimadas: a deputada Estela Bezerra. "Ela vive defendendo os Tião das minhas falas", diz.

Ao entrar no assunto da Barbárie, digo que gostaria de conversar com Estela para saber a opinião da deputada sobre o caso.

"Ela vai fazer cena", Laura responde, "porque ela sabe que Preá, que é um Tião, tem ligação com a Barbárie. Estela nunca vai comentar isso, ela vai botar a culpa para a nova secretária da Mulher, Lídia Moura, que nem é da pasta do Sistema Penitenciário. Ou, ao invés de cobrar de Doda de Tião, vai cobrar de gente que não tem a ver com o assunto."

Então pergunto a Laura sobre a ligação de Eduardo com Preá. Cedo algumas informações, falando que no dia do julgamento Eduardo falou de um possível grupo de pistolagem que incluía Preá e Ailton Cabatan, homem condenado pela morte de Sebastian Coutinho, que ela representou na Justiça.

Ela concorda com tudo e diz que "Eduardo realmente tinha ligações com Preá". A mãe de Sebastian, dona Edilene, tornou-se um afeto para Laura. "Comecei a vê-la quase como uma mãe", diz a advogada. Muitas histórias de Queimadas foram relatadas para Laura por conta dessa relação: Maria conhecia a cidade a fundo. Apesar do medo, ela contava os casos que sabia, como essa relação entre Eduardo e Preá.

"Talvez eles até quisessem incriminar Preá", a advogada especula,

> porque há muita briga entre ele e os próprios irmãos. E a mulher de Eduardo, Lilian, chegou a me procurar no Facebook na época do crime. Eu ainda era conselheira estadual de Direitos Humanos. Ela disse que queria me falar alguma coisa, pediu que eu fosse até lá. Eu não fui porque, naquele

período, eu já estava sendo visada por causa das minhas denúncias de tortura na cadeia. Seria perigoso. Então não sei o que ela queria, ou se era uma cilada. Penso que eles poderiam querer me usar, já que naquela época eu estava expondo Preá e a sua família no caso Sebastian, denunciando a formação de quadrilha entre eles e as explosões nos bancos. Como eu já estava atacando Preá, talvez eles quisessem pegar carona nisso. Na verdade, esse povo todo só não fez mal para mim porque denunciei e tornei tudo público.

Pergunto para Laura sobre a possibilidade de a fuga de Eduardo ter sido facilitada por alguém do Estado.

"Não duvido: esse sistema penitenciário é continuação da outra gestão." Ao dizer isso, Laura se refere à ligação entre o fato de o governo do momento ser de João Azevêdo, candidato apoiado por Ricardo Coutinho. Azevêdo conquistou a vaga em 2018 com forte influência do ex-governador. Muito do que havia no governo do antigo governador permaneceu com o novo. Entretanto, em dezembro de 2019, Azevêdo saiu do PSB, partido do qual Coutinho fazia parte, queixando-se da falta de democracia do partido e outras questões. A intervenção ocorreu após as polêmicas com a Operação Calvário e uma série de renúncias e críticas de membros do partido ligados a Ricardo Coutinho. O PSB declarou que a saída do governador foi um "ato de traição". Posteriormente, Azevêdo anunciou a sua filiação ao Cidadania.

Entretanto, de volta ao sistema penitenciário, digo a Laura que tentei conversar sobre a fuga de Eduardo com Sérgio Fonseca, secretário estadual de Administração Penitenciária da Paraíba, mas nunca consegui.

"Nem vai responder", ela responde.

"Você já teve contato com ele ou algum problema?"

"Sim, reclamei de Sérgio Fonseca em 2016, quando ele estava na Gesipe [Gerência Executiva do Sistema Penitenciário], pois nunca tinha carro para trazer os pistoleiros que seriam julgados no caso Sebastian para as audiências em João Pessoa. Pedi seguranças para as testemunhas serem ouvidas aqui. No fim, eles foram julgados em Campina Grande."

Mantendo o assunto em Queimadas, pergunto se ela sabe mais alguma informação sobre os Tião, algo talvez ligado a Barbárie. Então ela comenta a respeito de Diego Gordo, da época em que estava preso:

> O sobrinho deles que estava no estupro coletivo. Ele tinha regalias no PB1. Você chegava lá e ele não estava com os outros presos. Acredita? Uma vez que fui lá, ele estava oferecendo água para as pessoas. Era um mais cheinho, bem alto e branco. Parecia um menino abestalhado. A gente perguntou quem era ele pra um dos agentes. Porque eu, enquanto conselheira, tinha que saber o motivo de ele estar naquela situação favorecida, né. Aí disseram que era um dos envolvidos no estupro de Queimadas... E ele tinha regalias, não se misturava, fazia esses serviços... A verdade é que prisão nesse país é para pobre e para negro, por conta do racismo.

Eu questiono o fato de que, aparentemente, boa parte dos presos da Barbárie não tenham tido problemas na cadeia, e pergunto se isso não seria incomum. Afinal, é estranho por se tratar de um caso de estupro que ficou tão famoso. Trata-se de uma ressalva que o advogado Diego Buiú havia feito em nossas conversas também: "Nunca é fácil, eu sei, muitos ralaram... Mas me pergunto como nenhum deles foi morto na cadeia". Outra fonte afirmou que Jardel, um dos culpados, ganhou muito dinheiro na prisão com a venda de celulares. "O bicho saiu cheio da grana da cadeia, pô, me diz como?"

"É, acho que quando vamos descobrindo as amizades desse povo, com quem eles andavam, quem talvez estivesse por trás de tudo isso... As coisas vão se explicando", conclui Laura, de modo lacônico.

Quando se estuda crimes no Brasil, pode-se dizer que aquele que suja as mãos é pego, mas quem o mandou sujar as mãos, não. Há sempre uma parte que nunca é agarrada, algo movediço, alheio aos nossos esforços. No caso da Barbárie, o julgamento foi uma resolução clara do caso, resolvido até com certa destreza. Mas as raízes do crime, tudo o que existiu para fazê-lo acontecer e, não só ele, mas tantos outros casos de feminicídio que foram praticados e ainda acontecem em Queimadas, parece ficar na escuridão, abafado. A resolução de grandes crimes é sempre uma metonímia: uma narrativa que nos entrega mais um pedaço que o todo.

Depois de conversar com Laura Berquó e tantas outras mulheres, só me vem à mente a primeira prefeita de Queimadas: a professora Maria Dulce Barbosa. Me parece que tudo se inicia e termina nela. Na política. Nas relações de poder. Em quem tem e quem não deveria ter esse poder.

Laura coleciona processos, mas conseguiu ser absolvida de todos. Desde que começou a enfrentar poderosos e a expor publicamente as denúncias contra eles, sua vida pessoal ficou paralisada. "Não confio em ninguém para me relacionar, pois eles são capazes de armar ciladas. São capazes de tudo mesmo. Não respeitam a vida íntima de ninguém."

Quando pergunto se um dia isso vai acabar, se ela poderá viver em paz ou se até pensa em chegar a um acordo para ficar mais tranquila, Laura Berquó é categórica: "Eu quero que esse povo bata na porta do inferno, seja recebido e se demore por lá. Perdão é uma palavra que não conheço".

"Eu me envolvo muito"

Com seus óculos de grau e simpatia transbordante, a delegada Juliana Brasil passa batom e pergunta se o seu dente está sujo. Dou uma risada e digo que está ótima. "Jacó Maciel, quando era prefeito, e o senhor Carlinhos, deram muito apoio", ela fala a respeito da criação da Delegacia Especializada da Mulher de Queimadas. É importante ressaltar o apoio porque a vida na polícia não é fácil. Todos os policiais com quem conversei são unânimes com relação a essa afirmação. "Sorte que o meu marido é policial", ela fala enquanto limpa os dentes, "ele entende que preciso dar plantão, dormir na delegacia, fazer uma operação na madrugada." Com dois filhos, Juliana tem uma vida corrida e de mudanças constantes. Quando chegou em Queimadas, pela primeira vez em uma vida tão frenética, se viu em casa.

"Na época só havia a delegada Maria do Socorro Fausto na cidade. Tinham muitas ocorrências e ninguém dava conta." Juliana, por ser amiga de Maria, ficou na cidade para dar suporte para o que fosse possível. Socorro ficou com a parte de crimes domésticos, Juliana com os outros. No final de 2015, outra delegada foi nomeada na cidade e as coisas melhoraram.

"Era só uma seccional, bem pequena. A ideia da Delegacia Especializada da Mulher de Queimadas era para ser algo mais simbólico. Até Isânia foi trabalhar lá no começo. A prefeitura precisava dar uma resposta e essa semente de delegacia foi a nossa resposta", diz Gilberta Soares sobre a Delegacia da Mulher. O prefeito da cidade era Carlinhos de Tião, em seu primeiro mandato.

A Delegacia Especializada da Mulher de Queimadas demorou para ser uma delegacia de fato. Surgiu como uma resposta à pressão social consequente da Barbárie de Queimadas, mas ficava em um prédio pequeno, improvisado, sem separação de cartório, triagem, equipamentos, salas com o mínimo de conforto e privacidade para interrogatórios.

Em 2016, eles já tinham a própria estatística. A escrivã Socorro, braço direito de Juliana, havia chegado e tudo parecia que iria para frente.

Até que o então governador Ricardo Coutinho, no dia 8 de março de 2018, Dia Internacional da Mulher, oficializou a delegacia a nomeando Delegacia Especializada da Mulher. A partir disso, Juliana e sua equipe começaram a espalhar cada vez mais o conhecimento das atividades da delegacia na cidade por meio de palestras e eventos. Com a população sabendo da existência desse órgão público, o aumento de denúncias por parte das mulheres cresceu substancialmente.

Um breve levantamento mostra que, em 2020, 271 inquéritos de crimes de violência doméstica foram registrados em Queimadas. "Tem mulheres que vêm aqui só para conversar comigo, com Socorro, veem na gente figuras de confiança", a delegada afirma. Ela também diz que Gilberta Soares, Isânia e diversas outras companheiras foram muito importantes para a construção da delegacia, assim como os prefeitos.

Ao falar dos casos que chegam até si, Juliana se empolga. Sabe que a delegacia tem uma função importante na cidade, mas também fica triste ao saber que tantos casos, inúmeros, não são solucionados ou julgados justamente. A violência contra a mulher ainda é algo difícil de ser entendido, e o feminicídio, de ser levado a sério. Juliana fala que a maioria dos estupros são similares aos da Barbárie no sentido de serem cometidos por pessoas próximas.

"É difícil chegarem casos de estupros cometidos por estranhos. Boa parte é pai, tio, padrinho, amigo."

A delegada conta alguns casos, emocionada, deixando claro que se importa com aquilo que foi construído no coração do agreste. É emocionante também vê-la falar e se entregar tanto à delegacia e a Queimadas.

Entre os casos relatados, ela comenta um em que uma menina com problemas de saúde mental foi para uma festa na cidade. Dois homens deram carona para ela. No meio do caminho, pararam e a levaram até um descampado. "Essa moça foi tão agredida que as suas mãos pareciam as chagas de Jesus, porque ela segurou num arame farpado pra se levantar depois do estupro. Ela foi estuprada pelos dois, anal e vaginal, passou dois dias internada."

A vítima contou quem eram os culpados: um rapaz menor de idade, outro adulto. Ambos moravam perto dela, no sítio Boca do Boi. O flagrante foi feito e ambos foram presos. O advogado de defesa dos homens disse que ela fez com consentimento. Que ela quis, insinuou, bebeu. "Quando uma pessoa defende um estuprador, ele diz que a mulher quis a situação. E outra coisa: o juiz acredita nesses argumentos e eles são absolvidos. Ao menos nesse caso específico, o juiz não acreditou e eles foram condenados. Mas há outros..."

Juliana ainda conta a história de uma mulher que foi estuprada em sua casa. Ela estava altamente alcoolizada, chegou e apagou. Um camarada entrou em sua casa e a estuprou. Fizeram os exames, comprovaram a violência, havia até testemunhas do ato. Na Justiça, entretanto, uma das testemunhas disse que o caso era mentira porque a vítima tivera um caso com o homem no passado. No momento do julgamento, a própria testemunha estava tendo um relacionamento com o estuprador. Juliana chegou a pedir a prisão dele, e chegou a ser preso, mas foi absolvido.

"Essa moça ficou acabada, vinha aqui toda semana conversar comigo... Ela dizia 'vou me matar, não aguento...'. Ela ficou bastante transtornada. É muito complicado", Juliana tira os óculos e começa a limpá-lo, dizendo "eu me envolvo muito".

Para ela, um dos casos mais emblemáticos é o de Ana Alice. Assim como a Barbárie de Queimadas, este crime gerou uma repercussão enorme na cidade, até por ter ocorrido no mesmo ano do estupro coletivo. Ana Alice morava em Queimadas e estudava em Boqueirão. No dia 19 de setembro de 2012, a adolescente foi declarada desaparecida. A última pessoa a vê-la foi o motorista que a deixou em Queimadas.

Em 8 de novembro daquele ano o corpo foi encontrado enterrado na Zona Rural de Caturité. Ana Alice estava com marcas profundas de violência sexual e espancamento.

Na época, a polícia chegou até o suspeito depois de cruzar informações do caso de Ana Alice com uma queixa de tentativa de estupro feita por uma mulher de Caturité. Ela dissera que o agressor havia desistido do estupro após notar que ela estava menstruada. O culpado foi identificado: o vaqueiro Leônio Barbosa de Arruda, de 25 anos.

Segundo a polícia, o estupro e a morte da adolescente foram premeditados. Leôncio acompanhara a rotina da jovem até concretizar o crime. Ao ser pego, ele assumiu o homicídio, confirmando o estupro e o espancamento de Ana Alice com o cano de uma espingarda calibre 12. Confessou ainda que a enterrou na fazenda em que trabalhava. Leôncio foi considerado maníaco sexual.

Após muita pressão popular e de diversos movimentos sociais, assim como no caso da Barbárie de Queimadas, Leôncio Barbosa foi preso em novembro de 2012. A vida, simulando espelhismos disformes, reproduziu o que aconteceria no caso de Eduardo com este: Leôncio também fugiu da prisão.

"Eu não acredito que ninguém mais durma tranquilo", disse Angineide Pereira de Macedo, mãe de Ana Alice para o *G1*.

Leôncio escapou ao pular o muro de mais de cinco metros de altura da Penitenciária Padrão de Campina Grande.

Gilberta Soares disse que o caso Ana Alice foi um grande exemplo de como as mobilizações dão certo. "É preciso botar a boca no trombone." A mãe da adolescente fazia parte do Sindicato dos Trabalhadores Rurais, que entrou na briga para encontrarem o foragido. "Isso potencializou a força do movimento. Todos se juntaram, até Isânia estava nessa luta", diz.

Gilberta, que na época trabalhava no governo, disse que ligou para o governador Ricardo Coutinho e falou da importância da recaptura do homem. "Polícia Militar, Civil, Rodoviária, juntou todo mundo e terminaram encontrando o cara, que tá preso até hoje." Leônio faleceu de infarto no presídio de segurança máxima de João Pessoa em 2022.

Para a ex-secretária da Mulher e da Diversidade Humana, Ricardo Coutinho era um governante que batia de frente e comprava brigas grandes.

"Talvez por isso, ele esteja pagando o preço agora desse seu jeito de ser", conclui.

Peças do projeto

"Paraíba Feminina é o meu filho caçula", diz a jornalista paraibana Tatyana Valéria sobre esse projeto que faz parte de sua vida e sempre foi um sonho. Nascido em 2019 como um blog, o Paraíba Feminina logo virou portal, tornando-se um perfil de Instagram com diversas seguidoras e seguidores e muitas questões a enfrentar. A fundadora Tatyana se viu diante de matérias pesadas e criminosas, ajudou a levar abusadores e assediadores para a Justiça, investigou e denunciou, conversou com mulheres em situação vulnerável, tornou-se uma peça vital para o enfrentamento da violência contra a mulher no estado.

"Ouvi muito choro e chorei também. Ouvir e destrinchar conteúdos tão densos consumiu minha saúde mental e cheguei muito perto de um colapso. Sofri ameaças de morte e por um tempo fiquei com medo de sair de casa. Precisei fazer B.O. Meu nome consta como testemunha em dois processos que correm na Justiça." Ela saiu do ambiente on-line e foi para o campo também em participações de seminários e diversos eventos feministas e sobre violência de gênero.

Em seu perfil no Twitter, um fio de 18 de abril de 2022 afirmava que o portal talvez precisasse parar por um tempo por conta das eleições. "O conteúdo do portal não é 'interessante' dentro do contexto de um estado que respira e vive de política a cada dois anos. É a política local que movimenta a mídia e todas as esferas de poder. Sim, tudo é política, inclusive os feminicídios, os abusos, as violações, os autoritarismos e as injustiças. Mas a discussão política que esses fatos geram não rende votos."

A preocupação de Tatyana parecia vir também da sua função. Ela trabalha em órgãos públicos há anos e foi assessora da deputada Estela Bezerra. "O site tem uma discussão política, mas é uma discussão que não gera votos", ela repete para explicar sua posição. "O que faz girar as coisas aqui na Paraíba na parte política é a discussão partidária. É o rame-rame. E o Paraíba Feminina não tem esse perfil."

Tatyana, inquieta, sabe onde deve pisar no universo bélico que frequenta.

Ela se formou em jornalismo na UEPB no ano de 2006, e sempre quis criar algum espaço de embate. Casou-se em 2007 com um jornalista, teve dois filhos, e atualmente é divorciada. Como bater de frente na época em que a internet não era o que é hoje? Ela buscava uma solução, queria criar este espaço para as mulheres há anos, mas nada parecia ser forte o bastante. Tatyana queria fazer jornalismo de qualidade e de um modo que pudesse incomodar. Até que um caso emblemático caiu em seu colo: no dia 4 de dezembro de 2013, Fabiano Gomes, o apresentador do programa de rádio *Correio Debate*, proferiu coisas absurdas, inimagináveis, sobre um caso de abuso.

Na cidade de Cajazeiras, um namorado divulgou fotos íntimas de sua companheira, na época uma adolescente de quinze anos. O caso repercutiu e foi levado para a discussão no programa citado. O jornalista Heron Cid comentou o absurdo da situação, mas Fabiano Gomes discordou,* dizendo:

> Meus amigos, meus irmãos, tem tanto assassinato para a polícia investigar, tem tanto assalto a banco, tem tanto

---

* Disponível em: <https://youtu.be/fCyLW-4bwDE>. Acesso em: 1º jun. 2023.

sequestro, tem tanto roubo, e nós temos que ocupar a polícia porque as cocotinhas tão tirando foto dos pinguelo e mandando para os namorados pelo WhatsApp? A minha polícia, que tem que estar prendendo bandido, não é a que fulana de tal suicidou-se, fulana entrou em depressão, problema delas! Por que foram pro espelho mostrar o xibiu, filmar e mandar pro namorado? Que coceira da gota serena é essa? Minha filha, internet é o mundo cão!

Durante a fala do apresentador furioso, uma trilha sonora dramática, retumbante o acompanhava.

O jornalista Heron Cid responde dizendo que ele está sendo preconceituoso: "A polícia tem muito o que fazer? Tem! Mas se tem um crime para investigar...".

Fabiano o interrompe, dizendo que ninguém obrigou a "cocotinha" a tirar essa foto.

"E por que você chama ela de 'cocotinha'?"

Eles começam a discutir, a temperatura do programa sobe.

"Então você está defendendo as cocotinhas que mandam foto nua pelo WhatsApp?", pergunta Fabiano.

"Tô defendendo o direito dela e da família dela. E quem fez isso e expôs a vida íntima dela tem que pagar por isso!"

Um ouvinte diz: "Se eu fosse pai de uma safada dessa, eu tinha até vergonha de procurar a polícia. Tinha que dar uma surra e botar ela nua no meio da rua".

Fabiano responde: "Ô, Paraíba boa! É isso mesmo, amigo. Vagabunda".

Heron rebate: "Não diga isso não! Não chame de vagabunda não. Se ela mandou pro namorado dela".

"Que porra de namorado, rapaz! [...] Vagabunda! Agora se fosse filha minha também. Ainda bem que eu tenho dois machos, meu Deus, muito obrigado. Jesus, o senhor foi muito bom comigo [...]."

Fabiano puxa a conversa para um tom de humor, deixando tudo ainda mais grotesco, enquanto Heron tenta rebatê-lo.

Depois do programa, no dia 6 de dezembro, o Sindicato dos Jornalistas Profissionais do Estado da Paraíba (Sindjor-PB) e a Federação Nacional dos Jornalistas (Fenaj) escreveram uma nota de repúdio contra Fabiano Gomes e o Sistema Correio. Outra pessoa que se levantou contra essas falas foi Tatyana Valéria. Em seu perfil do Facebook, ela escreveu um longo texto atacando Fabiano. A postagem viralizou, chegando ao famoso blog Escreva Lola Escreva da ativista Lola Aronovich e até no *El País*. Na época, Tatyana trabalhava na produção da TV Assembleia e foi ameaçada por Fabiano, que pediu a cabeça dela e tentou sabotar o seu emprego.

"Ele ficou extremamente irritado com a minha postagem", relembra Tatyana.

Ao ver a raiva do jornalista e o potencial que os seus textos e apurações tinham, ela finalmente achou o seu caminho e a resposta que tanto buscava: ela precisaria denunciar, sem medo, pessoas como Fabiano Gomes. Expô-los.

Vale pontuar que Fabiano Gomes, no dia 10 de março de 2020, sete anos depois de o programa denunciado por Tatyana ir ao ar, foi preso pela Polícia Federal. Ele foi um dos denunciados pela Operação Calvário. Era suspeito de atrapalhar as investigações solicitando dinheiro aos investigados para não divulgar informações sigilosas deles. Ele também respondeu por porte ilegal de arma. Fabiano ficou preso por nove dias no presídio do Roger e foi solto.

No programa *Correio Verdade* do dia 19 de março de 2020, o apresentador sensacionalista e amigo de Fabiano, Samuka Duarte, um apresentador do estilo de José Luiz Datena que sempre ofende os suspeitos de crime em seu programa e destila um palavreado chulo e violento em suas falas, impondo o discurso do "bandido bom é bandido morto", disse que tem noção de que as pessoas estariam ansiosas pelo que ele tinha a falar sobre o caso da prisão do amigo. Com uma voz mansa, apaziguadora, que foge do seu perfil cotidiano, disse: "O que que Samuka vai dizer?". Ele mesmo responde: "O que vou falar é que Deus coloque nele sabedoria e o espírito da humildade. Que Fabiano faça uma reflexão, procure se isolar um pouquinho, evite falar, até nas redes sociais. Esse é o momento para ele fazer uma reflexão da vida dele". Uma melodia leve, quase gospel, o oposto do que geralmente tocava no programa nesses momentos, entra de fundo, quase imperceptível. "O mal se paga com o bem, não se paga o mal com o mal." A melodia aumenta o volume. "Eu não desejo mal para Fabiano, eu desejo que Deus tire ele dessa", o jornalista continua com o tom de voz pacífico, quase angelical.

Tatyana, assim como Laura Berquó, travava uma luta solitária. Mas por ter viralizado, por trabalhar no Estado e ter contatos importantes dentro da máquina, tinha um valor simbólico que poderia protegê-la um pouco mais dos eventuais ataques. Estela Bezerra, na época secretária de Comunicação Institucional da gestão do governador Ricardo Coutinho, ligou para a jornalista e disse que a protegeria, que em sua gestão tinham pessoas que se importavam com ela e sabiam o que estava acontecendo. Tatyana havia conhecido Estela pessoalmente quando começou a trabalhar na prefeitura de João Pessoa, na comunicação da Secretaria de Saúde, pasta chefiada por Cláudia Veras, ex-companheira de Estela. Dois anos depois, em 2015, Tatyana foi trabalhar com Estela.

"A primeira vez que ouvi Estela falar fiquei encantada por ela", afirmou.

O comentário de Tatyana faz sentido, uma vez que Estela sempre teve uma oratória incrível. Ela subia nos palanques e falava aquilo que todos desejavam ouvir. Ferrenha, firme, não tropeçava em uma vírgula sequer. Uma boa aluna de Ricardo, que também tinha um grande domínio da fala pública.

Uma pessoa próxima desse governo disse que "Estela foi e ainda é só uma peça dentro de um projeto misógino e machista, o de Ricardo Coutinho, mas se ele se candidatar ao Senado, voto nele. E voto em Estela também. Não tenho simpatia por Ricardo, que usa as mulheres ao redor dele pra fazer o que ele quer, mas fazer o quê. Temos opção?".

Antes de condenar a fala de uma fonte que elegeria Estela e Ricardo, mesmo acreditando serem misóginos, é preciso lembrar o que a escritora francesa Annie Ernaux, ao falar da política do final da década de 1960 em seu país, disse: "mais vale um voto que fede do que um voto que mata".**

"Eu não ia parar", relatou Tatyana, "mas a vida pesa e nos pega de surpresa." O fim do casamento, entre outras questões pessoais, a impediram de pensar em um projeto maior de denúncias ou sequer investigar mais casos até 2019. Ela já estava bem colocada no meio político, trabalhava no Estado, então sabia muito bem como funcionava aquele meio. "O rame-rame político, nesse espaço, é muito desgastante. Então pensei em criar um espaço fora disso."

Tatyana então organizou o Paraíba Feminina sozinha, pois estava em um processo pessoal ruim e precisava de uma motivação para voltar a ter fé no jornalismo.

"O negócio cresceu, o alcance também, a ponto de eu não ter noção. Eu sempre fiz meu ativismo, mas nunca fui de coletivo nenhum", declarou. Tatyana construiu essa opinião acerca de ações coletivas porque, na primeira Conferência da Mulher que presenciou, em 2009, se incomodou muito com os melindres e vaidades nas discussões. "Qualquer agrupamento, de mulheres, negros, artistas, gays... O melindre político é enorme. Manter essas estruturas faz com que esses grupos fiquem aparelhados." Uma fonte que não quis se identificar concorda com

---

** Annie Ernaux. *Os anos*. Trad. de Marília Garcia. São Paulo: Fósforo, 2021, p. 196.

Tatyana e diz que a maioria dos coletivos de mulheres da Paraíba estão aparelhados pela Secretaria da Mulher, chefiada por Lídia Moura. E Tatyana e Lídia têm problemas antigos.

Então, depois de um grande preâmbulo, minha conversa com Tatyana finalmente chegou na Barbárie de Queimadas, assunto que incomoda e mexe bastante com a jornalista. Em 2021, quando Tatyana decidiu jogar no colo do Estado e de Lídia a fuga de Eduardo, a secretária se indignou e ameaçou processá-la.

"Existe uma resistência grande pra falar da Barbárie ali dentro."

Mas Tatyana não busca fazer uma luta partidária ou de colocar duas feministas em confronto, Estela contra Lídia. Ela sabe que a própria Estela também é resistente para falar do tema, por mais que já tenha proferido algumas falas e textos se mostrando indignada. O que Tatyana questiona é: na prática, o que é possível que o Estado, essa força tão relevante, faça?

"No ano passado Estela quis fazer uma audiência pública para falar desse caso da fuga de Eduardo, mas por algum motivo desistiu… Ainda tem muita coisa que… Só daqui uns anos, quando esse povo já tiver morrido, alguém vai conseguir falar."

Em 2012, quando o crime ocorreu, Tatyana só havia mostrado sua indignação, mas passados oito anos do crime, com a fuga de Eduardo e o Paraíba Feminina funcionando, ela buscou mais, queria mergulhar nesse assunto, incomodar os responsáveis. Nesse período, ela foi orientada por alguém de dentro da Polícia Civil a parar de ir atrás dos detalhes da fuga. Diz ela que não foi por questão de censura, mas para salvar a sua vida.

"Esse pessoal é perigoso e ninguém vai te proteger."

Uma amiga dela disse: "Se você não tiver suporte jurídico ou segurança pessoal, não vá… Porque ninguém vai garantir a sua proteção nisso".

Depois de mencionar tais recomendações, eu e Tatyana ficamos em silêncio por um tempo, até que comento a respeito de Laura Berquó e falo que vejo semelhanças nos casos delas.

A própria Laura Berquó, que não conheço pessoalmente, foi transformada em uma mulher louca. Durante muitos anos ela era vista como alguém sem credibilidade. Quando ela ia falar o povo dizia "lá vem a doida" e eu tenho muito medo de fazerem isso comigo. Você entra numa espiral de assédio jurídico que você se perde. Você não tem recursos para bater de frente, você vai se enterrando em processos, de repente você não pode mais falar sobre aquilo, perde a sua credibilidade...

Ainda sobre o tema da investigação jornalística em busca de justiça, Tatyana diz ter conhecido pessoalmente Amanda Audi, a jornalista que escreveu uma longa matéria sobre a família dos Tião para o *The Intercept*. "Ela me disse que mudaria algumas coisas na redação do texto hoje, tiraria algumas coisas", sussurra Tatyana. Apesar dos problemas, concordamos com a importância da matéria. Uma fonte que não quis ser identificada relatou que uma pessoa do gabinete do estado, que nem está mais nessa função, colocou essa matéria da Amanda Audi no site do governo, mas a deputada Estela Bezerra pediu para a pessoa apagar a matéria com urgência.

"Por conta disso pode ser mais fácil queimarem esse arquivo vivo que vem se tornando Eduardo, porque não é interessante trazê-lo vivo para a Paraíba. Ele vivo é perigoso, sabe demais", diz a jornalista do Paraíba Feminina. Para ela, o mandante da Barbárie tem ajuda de gente muito grande. "Não foi o rapaz que estava na guarita [que o soltou]. Os agentes penitenciários responderam a um processo administrativo e ficou nisso. Nem foram afastados. Os nomes deles não foram divulgados... Talvez nem existam. E é impossível conseguir informação do Estado sobre isso."

O advogado Francisco Pedro da Silva, com quem mantive contato durante toda essa apuração, sempre foi enfático com as relações de Eduardo. O último áudio que ele me enviou afirmava que "venderam a antiga casa da família para Eduardo fugir. Ele comprou a polícia, comprou todo mundo para fugir. Ele saiu pela porta da frente, saiu de graça? Saiu nunca!".

Mas quem seria o "todo mundo" do áudio de Francisco? É fato que a fuga de Eduardo foi facilitada por alguém, mas quem teria poder para liberar um homem desses da forma como foi liberado? E por que a repercussão foi tão pequena — e continua sendo — já que ninguém do governo quer falar a respeito do caso, e, pelo contrário, abafam qualquer informação, evitam, fingem não existir?

Durante a entrevista com Tatyana, ela inverte os papéis e me faz uma pergunta interessante, quebrando a lembrança que eu tive do áudio de Francisco: "Bruno, a família das meninas têm interesse que ele seja preso?".

A pergunta desperta minha reflexão. A mãe de Tatyana é de Queimadas — algo que me surpreende e me faz ver que, apesar de pequena, a cidade é onipresente — e disse que a maioria das famílias da cidade tem uma ligação inquebrável com os Tião. Para Tatyana, há uma relação no fato de Diego Gordo estar presente no dia do crime, Eduardo ter mencionado Cabatan e Preá, ter amizade com o filho de Socorro... "Fico com a sensação que a única justiça possível que essas famílias terão é com esses caras mortos", a jornalista supõe.

Mais um dado sobre a fuga de Eduardo nos acende um alerta: ele fugiu no período das eleições para prefeito de 2020. Entre o primeiro e o segundo turno. Ela conta, tentando juntar as peças: "Eu acho que isso foi um fator que ajudou na fuga. Vamos fazer isso que tá todo mundo preocupado com Nilvan e Cícero [os candidatos a prefeito no segundo turno de João Pessoa]. Ele fugiu de noite, o *G1* postou no dia seguinte algo sobre essa fuga e só. Numa quinta. Só domingo à noite Estela me ligou pra falar sobre o assunto".

Ela fez texto, vídeo sobre o assunto, mas ninguém viu. O título de uma das suas matérias foi "Enquanto todos estavam preocupados com o segundo turno das eleições, ele fugiu".

Na época, disseram para ela ter cuidado com o que postava. "Cuidado é uma das palavras que mais escutamos, né? E é preciso ter mesmo. Inclusive, deixe pra lançar o livro depois das eleições! Pelo menos o primeiro turno."

Rimos da fala dela, um riso nervoso, que veio seguido de uma pergunta: "Se você não quiser responder, tá tranquilo, Bruno... Mas quem está financiando o seu livro?", ela faz uma expressão de dúvida.

Uma pergunta de alguém que sabe que se este livro tivesse sido financiado por alguma parte política, alguém poderoso e que fosse "de um lado da história", poderia ter um viés que desestruturaria a sua independência. Respondo que foi um prêmio que ganhei e que sou independente. Não há ninguém do meio político bancando o livro.

Ela parece ficar aliviada com a minha resposta.

Tatyana é uma feminista que luta e joga o jogo. Ela sabe que essa é a única maneira de não se perder, enlouquecer do jeito que homens machistas e misóginos querem que as mulheres enlouqueçam. Já bateu de frente com gurus abusivos, colírios da *Capricho* acusados de abuso e violência, mulheres ameaçadas, agentes de feminicídios, entre outros. Ela é uma voz necessária. Embora tenha vivenciado uma série de situações de risco, ainda parece que a Barbárie de Queimadas é aquela que requer mais cuidados. O "cuidado" que menciona é sempre mais necessário nesse do que nos outros crimes. Qual o preço ou os limites para se manter projetos políticos respirando? Fechar os olhos? As peças não param de se mexer, a engrenagem é alimentada diariamente, e a luta pelo que acreditamos também não pode ser interrompida, por mais que esteja, em alguns casos, lado a lado com aquilo que tentamos destruir. São paradoxos arenosos, que rangem alto.

Parte 5

O melhor galeto da Rocinha

O tempo passou e, em essência, nada mudou.

No fim de 2021, eu planejava ir ao Rio de Janeiro me reunir com editores, escritores, familiares e amigos. Aproveitaria a viagem para visitar a Rocinha e o Vidigal, pois tinha um projeto de romance em que um dos protagonistas seria um ex-traficante paraibano que vai para a Cidade Maravilhosa. Assim, considerei conhecer esses locais in loco, ver como funcionavam, conversar com pessoas que pudessem contribuir de alguma maneira para o projeto sair do papel. E assim foi.

Após ver minha família por parte de pai, em uma cidade mineira que faz fronteira com o Rio de Janeiro, parti para o trabalho de campo. Na comunidade da Rocinha conheci um homem que me apresentou a história do local, as suas vielas, subidas, descidas e códigos próprios. "É a Nova York das favelas", dizia Martin, um verdadeiro guia que dizia ser africano da Tanzânia. Já no Vidigal, meu amigo Pedro me conduziu e chegou a me apresentar um pouco as questões políticas do ambiente, como se dá as eleições para as associações, bares no topo do morro, jovens com fuzis na mão, um comércio vivido em cada esquina, vida, som, luzes. Uma experiência muito rica.

Em ambas, Martin e Pedro falaram do número de nordestinos que as habitavam. Na Rocinha, Martin chegou a dizer que 80% provavelmente eram nordestinos. Achei o número exagerado, assim como tudo que ele me dizia, mas não desacreditei.

A migração do Nordeste para a Rocinha a partir dos anos 1950 é notável e se reflete até os dias de hoje.

Fora das comunidades, descansando na cama da pousada, no centro da cidade, onde decidi me instalar, postei uma foto minha na Rocinha. Foi a partir dessa foto que Isânia me mandou uma mensagem privada no Instagram, dizendo:

> Bruno, vi que você está na Rocinha. Depois da Curva do S é o bar do pai de Eduardo. Bar do Eliseu. Possivelmente você verá lá o pai, a mãe e a filha de Eduardo, que são muito conhecidos aí. Acredito que a depender da pessoa com quem você falar, pode até saber mais da postura de Eduardo. As pessoas daí conhecem o caso. Esse foi o lugar onde ele morou a vida inteira até vir para Queimadas.

Despertei ao ler isso. Por um momento parecia que eu estava de férias, hibernando. Levantei da cama e reli a mensagem de Isânia. Lembrei-me de Martin conduzindo pela Curva do S. Provavelmente passamos ao lado do bar. Uma fonte importante, e era óbvio que eu não poderia me apresentar com a cara limpa, isto é, dizer a verdade. Era arriscado. Mas eu poderia ir até lá, ver o bar, conhecer as pessoas. Até pensei: quem sabe não veja Eduardo? Mas essa ideia sumiu da minha cabeça. Era claro que ele não daria tamanha bandeira.

Respondi Isânia, perguntei se ela morou por ali quando era casada com Eduardo.

"Fiquei sim, justamente em uma casa próxima a casa dos pais, que é ao lado do bar."

Isânia me envia fotografias do Bar do Eliseu pela mensagem privada junto ao endereço do bar no Google Maps. São, na verdade, prints da versão Google Street View, nos quais é possível ver não só o bar, mas os estabelecimentos e vielas ao seu lado.

"O bar é esse embaixo do prédio, morei em um apartamento em cima do bar. O prédio todo é do pai de Eduardo."

Pela foto antiga, se vê que é um local grande, agitado. Na placa se lê: "BAR, RESTAURANTE E PIZZARIA — ELISEU", com o telefone embaixo. A área do bar e do restaurante é enorme, onde há uma assadeira de frango com espetos giratórios e portas de vidro. Na lateral há uma escada que leva ao segundo andar, onde fica a pizzaria. Uma rápida pesquisa na internet me mostra que o Bar do Eliseu é um dos mais antigos da Rocinha, sobretudo pelo galeto famoso. Saíram de Queimadas para tentar a sorte nesse recanto, constato.

Isânia disse que eles compraram uma casa que fica em um beco próxima da casa verde, casa essa visível nas fotos, ao lado do bar.

"Um lugar familiar, mas terrível de estrutura. Muito diferente da minha realidade. Sofri muito, mas Deus é maravilhoso e eu venci essa fase graças ao meu pai que me pediu para voltar."

Lembro que ela disse que Fátima, sua mãe, foi contra o retorno. "Filha minha não desfaz casamento", dissera.

Fiquei olhando as fotos, pensando o quão perto eu estava deste bar e do que ele significava. Será que a família acobertava Eduardo? Eles arriscaram tudo por ele? As perguntas me inquietaram. Eu só tinha mais dois dias no Rio de Janeiro, depois voltaria para a cidade natal do meu pai, próxima dali.

Respondi para Isânia: "Amanhã vou lá".

Tentaria me imiscuir. Beberia no bar, me fazendo de turista, cliente banal, à paisana. Tentaria captar alguma coisa, um reflexo que fosse, um vislumbre dessa investigação, algo que pudesse fazer com que eu colocasse no papel não só uma frase qualquer sobre a família, mas algo substancial.

Enquanto lia e relia as mensagens de Isânia, pensava que escrever sobre a Barbárie de Queimadas e os seus desdobramentos, por vezes, é como caçar uma sombra que nunca se deixará ser pega. Tenho a sensação de escrever sobre uma coisa que está na minha frente, mas me escapa.

    Lembrei que, no dia 12 de fevereiro de 2021, Isânia dissera que eu fazia parte da história também. Desde então essa fala me acompanha em cada linha que escrevo deste livro. Não há como fugir daquilo que abraçamos, era tarde demais para desistir. Mas fazer parte daquilo me assombrava.

Zé Velho

Voltei para a pequena cidade mineira que faz fronteira com o Rio de Janeiro, inquieto em saber que passei na frente daquele bar, que talvez Martin até tenha comentado algo sobre ele. Inventei uma possível memória de meu guia dizendo "olha, o galeto mais famoso da Rocinha é esse aí". A única verdade é que eu tinha um local importante em mãos, algo que poderia preencher a lacuna do lado de Eduardo na história. Minha mente pipocava com uma única questão: "Em breve voltarei para Campina Grande, em breve me distanciarei cada vez mais da Rocinha, do bar, de algo, desse algo".

Em breve, eu estaria mais próximo da terra de Eliseu e dos seus familiares. Queimadas. Paraíba.

Eliseu foi um homem que persistiu, apesar das dificuldades da vida. Ele é uma representação de tantos outros que migraram do Nordeste nas décadas de 1970 e 1980 em busca de novas oportunidades, as quais hoje, felizmente, existem em nossa própria terra. A migração agora não é mais uma obrigação ou necessidade, mas, naquele período, parecia ser a única solução. Eliseu nasceu nas bandas do sítio Zé Velho, em Queimadas. Sua família é tão antiga e tem raízes tão profundas naquela área, que é o nome de seu avô que deu o nome da região: Zé Velez. Algumas pessoas a conhecem mais dessa forma do que como Zé Velho — o princípio de tudo, o pioneiro. Nessa parte da cidade, em frente à famosa Tapioca do Irmão Jairo, existe um mercado, a Mercearia Pé de Serra, que foi chefiada por Zé Velez. "Essa mercearia existe desde que eu me entendo por gente!", diz um morador.

Ali a família de Eliseu fez seu nome. Cada quadro de terra naquela área da cidade tem as pegadas deles. Eliseu herdou o faro pelo desbravamento de seus antepassados, de homens surgidos do nada como um espectro quente, sem passado conhecido, batendo de frente com as intempéries de forma rude e abrindo espaço com base da raiva. Quando chegou na Rocinha com pouco mais que a roupa do corpo, as mãos calejadas, embarcou numa luta pela sobrevivência, ou o que uma fonte próxima da família chamou de "tudo ou nada".

"É tudo uma grande coincidência"

São duas da manhã e começo a fazer algumas pesquisas pelo celular sobre o caso. Revisito o que sei a respeito do paradeiro de Eduardo, investigo a possibilidade de acompanhar o caso em segredo de Justiça, leio comentários de pessoas próximas, reviso aquilo que já sabia. No Twitter, o perfil Paraíba Feminina, de Tatyana Valéria, faz algumas associações sobre a fuga de Eduardo. Deitado na cama, iluminado pela luz do celular e pela quietude da noite interrompida apenas pelo som do ar-condicionado, leio o fio postado por ela. "Eduardo dos Santos Pereira saiu do Rio p/ morar em Queimadas (depois ele se tornaria o mentor da Barbárie de Queimadas); 2020 o Bozonaro parou em Queimadas pra tomar sorvete; 2021 o chefe da milícia apontado como a autora do assassinato de Marielle Franco é preso em Queimadas..." Ela ainda cita a matéria de 2018 de Amanda Audi sobre Queimadas e comenta "mas não, gente, é tudo uma grande coincidência. Se vocês não sabem ligar os pontos, não sou eu que vou desenhar, pois ainda tenho amor à vida". Outro perfil do Twitter respondeu ao fio, dizendo "Eduardo fugiu da cadeia um mês depois que Bolsonaro passou por aqui. Tá foragido até agora".

Em minha entrevista com Tatyana, ela dissera que alguém da Polícia Civil falou para ela ter cuidado e parar de falar sobre esse caso. Provavelmente a pessoa fazia referência a postagens como essa. Afora essa lembrança, relembro também do dia que o ex-presidente da República tomou um sorvete em

Queimadas: 1º de outubro de 2020. A memória é marcante porque soou estranho para muita gente na Paraíba. No site *MaisPB*, eles noticiaram: "Ao seguir para o sertão pernambucano onde entregou um sistema adutor, o presidente Jair Bolsonaro fez uma parada relâmpago na cidade de Queimadas, no Agreste paraibano e tomou sorvete". Em um vídeo* é possível ver Bolsonaro com o corpo quase todo para fora da janela de um carro, acenando para a população alvoroçada, correndo atrás dele, vibrando, aplaudindo. No final, o presidente vai até uma sorveteria e os funcionários estão ao lado dele, todos sorridentes. Uma delas, loira e com os dentes à mostra, diz: "Oi, pessoal, olha que visita ilustre a gente recebeu... Queremos agradecer por ele ter vindo...". Bolsonaro, simpático, diz "eu parei aqui porque aqui temos o melhor sorvete de Queimadas!" e então aponta para a logomarca da sorveteria em meio à alegria daqueles que o circundam.

Almir Rogério Gomes da Silva, o miliciano preso em Queimadas a quem Tatyana faz referência, é natural da cidade e foi capturado em uma casa de luxo que teria sido construída por ele, às margens da BR-104, no dia 29 de julho de 2021. Ele havia voltado a Paraíba após supostamente ter atuado em um homicídio no Rio de Janeiro em 3 de junho.

Fiquei com isso na cabeça. Obviamente são associações livres, sem certezas ou provas. Dúvidas não são bem-vindas quando se trata de investigação criminal. Voltando para a noite insone, olho novamente o endereço do bar de Eliseu. Eu ainda tinha uma semana na cidade de minha família, e um dos meus tios viajava semanalmente ao Rio de Janeiro. Sem pensar muito, abri o contato dele no celular e mandei a mensagem: "Você vai

---

* Disponível em: <https://www.youtube.com/watch?v=KHS5Kph1VTU>. Acesso em: 1º jun. 2023.

para o RJ esta semana?". Deixei o celular carregando e encarei o teto branco a me engolir. O ar-condicionado não refrescava. Fazia um calor tremendo da cabeça aos pés que nem um sorvete poderia abrandar.

Amarga hora

Quarta-feira, 26 de janeiro de 2022. No banco do carona, vejo a cidade do Rio de Janeiro se aproximando como um vulto ensolarado. Ao lado, meu tio dirige, impávido em saber que eu subiria a Rocinha em busca do bar do pai de um assaltante, assassino e estuprador. A minha maior loucura poderia ser ir sem uma equipe ou suporte. Seria só eu, minha pequena bolsa, um boné na cabeça, celular, carteira e fim. Sempre há riscos, mas eu contava com a possibilidade de alguma revelação desde o dia anterior, estimulado por uma mensagem de Isânia.

Escrevi-lhe contando que voltaria a Rocinha para visitar o bar e queria saber se ela tinha algum conhecido de lá que poderia conversar comigo, presencialmente ou pelo WhatsApp. Isânia respondeu: "Até tenho, mas talvez eles tenham receio de falar. Tenho dois amigos que poderiam te ajudar. Vou tentar saber se eles topam esse encontro e te aviso".

Eu estava ansioso e ela ainda não havia me respondido. Chegando no Rio, decido focar a visita ao bar e na ideia inicial de ir como turista. Os contatos dela poderiam esperar um pouco.

Dentro da cidade, o meu tio me apresentava alguns morros, pontos turísticos, ruas, e disse que à noite estaria livre. A ideia era eu fazer o meu trabalho e encontrá-lo depois.

"Boa sorte e cuidado!", desejou, ao me deixar no ponto de metrô do Catete, onde eu seguiria até São Conrado, que me deixaria em frente à Rocinha.

Enquanto pensava e suava com o calor exaustivo do Rio, desci do metrô e deixei que a entrada de uma das maiores favelas do mundo me tomasse. Feiras e barraquinhas vendiam comida, roupas, objetos, joias. Havia gritos e barulho, sons e músicas se mesclavam. Lembro bem de tudo isso, Martin foi tão bom guia, que eu decidira voltar para cá só por lembrar dos percursos que ele fez comigo. Sabia que subir o morro e chegar até a Curva do S era tranquilo. O perigo real, se de fato ele existisse, estaria no bar do pai de Eduardo, mas eu estava confiante de que nada aconteceria. O pior seria eu inventar de me apresentar e eles me expulsarem. Meu receio ainda residia na possibilidade de Eduardo receber suporte do tráfico ou da milícia. Se isso fosse real, o perigo também seria.

A caminhada morro acima foi infestada de fluxos de pensamentos como esses. Não encontrei silêncio, só calor e divagações constantes. Fui andando e atravessei a Curva do S, com o número do bar na cabeça, e ali o vi, à frente de um supermercado, com a escada na lateral, o assador de galeto, a casa verde, a farmácia perto. Mas havia mudanças. O bar não aparentava mais como nas fotos do Google que Isânia mandara: o espaço havia sido nitidamente reduzido: aquela fachada grandiosa de antes, que englobava bar, restaurante e pizzaria agora era só um bar. Bar do Eliseu. Antes havia dois blocos de espaços abaixo, agora metade do que tinha no passado. Um bar menor, mais apertado. Na parte de cima, onde ficava a pizzaria, a fachada foi pintada de preto e nela instalado um toldo. Já não faz parte do bar, trata-se de outro empreendimento.

Era uma redução drástica, que ali, subindo o morro exausto, eu ainda não sabia o motivo. Respirei fundo, me aproximei do bar, olhei suas cores amadeiradas, balcão das antigas, paredes repletas de bebidas, de Fogo Paulista a Pitú, cadeiras e mesas marrons, ventilador no teto e nas paredes, abrandando ou intensificando o calor. Ajeitei o boné, olhei para um senhor agitado, cabelos brancos, óculos tortos na cara enrugada, irritadiço, bruto na estrutura e na voz, que estava enraivecida com alguma coisa. Três clientes conversavam no balcão. Do lado de fora, duas mesinhas encostadas na entrada do bar. Em uma delas, um senhor sem camisa espantava alguns mosquitos. Na outra, outro estava quase dormindo com uma cerveja na mão.

Entrei e sabia que o velho bruto era Eliseu. A feição dura lembrava Eduardo. Perguntei quais cervejas ele tinha e ele soltou os nomes sem olhar para mim.

"Me vê uma Brahma. O senhor serve os galetos como tira-gosto?", perguntei.

"Só inteiro", ainda sem olhar para mim.

"Tem algum tira-gosto?"

"A cozinha não tá funcionando hoje."

Olho para os três clientes bebendo ao lado. À frente deles, no balcão, há uma porção de torresmos.

Queria chamar a atenção de Eliseu e pensei em uma isca. A ideia provavelmente faria eu queimar a largada. Tudo o que pensei durante a viagem, o metrô, a subida no morro, foi por água abaixo. Onde estava minha cautela? Senti uma vertigem, um empurrão que me fez soltar essa faísca.

"O senhor é o seu Eliseu, né?"

"É."

"Sou de Campina Grande e o galeto do senhor é conhecido, visse."

Ele olhou para mim, finalmente. Parou de se movimentar freneticamente naquele espaço pequeno do balcão, de entrar na cozinha acoplada a pia, entrava e saía sem nada nas mãos, só para se movimentar, parou com tudo e me olhou. Não queria levantar uma bandeira assim, logo na chegada, mas gostei de ver a reação dele.

"Vou pedir um galeto inteiro pra experimentar."

Um pouco sem jeito e desconfiado, ele respondeu "tá, tá certo". Ignorou o fato de eu dizer que era de Campina Grande.

Eliseu saiu de trás do balcão. Trajava camisa polo e calça jeans. Foi até a assadeira giratória e pegou um galeto do espeto. Cortou a ave com uma tesoura, colocou em uma embalagem e depois na sacola e entregou para um cliente que estava em pé, aguardando. Depois pegou o meu galeto, colocou em um prato, cortou. Agradeci, ele não respondeu. Comi no balcão, em pé, bebendo cerveja.

Dentro do estabelecimento só havia duas mesas, uma delas ocupada por outro cliente, que também bebia. A outra estava vazia, mas com umas cinco garrafas vazias de Itaipava em sua superfície. Eliseu disse que eu podia sentar ali, "é melhor pra comer", e me dirigi até lá. Os três clientes em pé, conversando muito e em voz alta, tiraram as garrafas da mesa e disseram que eu podia ficar à vontade. Peguei meu prato cheio de galeto, minha garrafa de cerveja e sentei. Visão panorâmica do bar. Eliseu entregou alguns guardanapos e molhos de pimenta, não me olhou, mas fez um ok com a cabeça. Voltou para detrás do balcão, começando a conversar com os três clientes, aparentemente nervoso com algum problema do bar. Ele discute esses problemas e os clientes concordam com Eliseu.

"Ele quer levar a mesa, aí não dá, pô", Eliseu diz.

Continuo comendo o galeto, lentamente, abanando a camisa de tanto calor.

O som do bar me puxa para a Paraíba. Toca alguns clássicos do estado que sempre ecoam em bares e botecos. Naquele momento era Zezo, cantor de brega conhecido como o Príncipe dos Teclados. Escuto também os três clientes falarem sobre a Paraíba e percebo que, pelo sotaque, são de lá. Pergunto de onde eles são. Um deles, um homem negro, perto dos cinquenta anos, responde: "Guarabira, e você?".

"De Campina Grande! Tô visitando o Rio."

Ele abre um grande sorriso, diz que já trabalhou em um engenho perto de Campina. "Cidade boa, de gente boa", ele responde, pagando a conta. Os outros dois clientes sorriem para mim e começam a se despedir. Um carro de som do lado de fora, no volume máximo, passa tocando um funk. Um dos homens grita: "Isso é Rocinha!".

Logo na sequência entra um rapaz apressado que vai direto conversar com Eliseu sobre questões burocráticas do estabelecimento. Provavelmente trabalha ali ou é um amigo. Mastigando o frango, atento, escuto um dos clientes que estavam prestes a ir embora dizer: "Quem sabe sou eu, né Eduardo não". Existem milhões de Eduardos pelo mundo, mas escutar aquele nome naquele bar, naquele contexto, mexeu comigo. Continuei na minha, enquanto os três iam embora, se despedindo de mim e de Eliseu.

Após a saída deles e do rapaz apressado, fiquei com Eliseu e os outros dois velhos do lado de fora. O cliente que estava ao meu lado já havia partido. Fiquei num ímpeto de puxar qualquer assunto com Eliseu, mas me segurei. O dono do bar se encostou no balcão, olhando para o movimento da rua, da estrada da Gávea, do comércio constante. Os óculos tortos no rosto, o olhar triste. Fiquei então com vontade de ir embora e deixar aquele homem em paz. O peso do seu olhar e do seu rosto mexeram comigo. O álcool já tremia em meu juízo. Até que chegou uma jovem, vestida de preto, loira, com traços fortes, queixo duro, olhos que atravessam. Ela cumprimenta os velhos do lado de fora, abre um sorriso simpático para mim, entra no balcão sem falar com Eliseu, segue até a cozinha e fica um tempo lá dentro. Volta depois, ajeitando coisas no balcão que não consigo enxergar. Até que Eliseu sussurra algo para ela, que concorda e continua a executar seu trabalho.

Os traços fortes da mulher me levam a crer que ela é parente de Eliseu. Eu precisava saber o seu nome. A cerveja acabou. Fiquei um tempo à toa, olhando o celular, tranquilo, até que eu a chamo.

"Oi, tudo bem? Me vê mais uma."

"Agora!"

Ela vai até a geladeira, pega outra Brahma, coloca na mesa e abre.

"Como é o seu nome?"

"Julia."

"Valeu, Julia! Vocês são paraibanos, né?"

"Eu sou daqui, ele…", ela aponta para Eliseu, "que é de lá."

Ela sorri e volta para o balcão.

Viro a cerveja no copo, bebo. O velho do lado de fora acena para alguém. Um cliente entra no bar pedindo mais um galeto. Eram 12h50. Hora do almoço ainda. Pego o celular e mando uma mensagem para Isânia: "Boa tarde, Isânia, tudo bem? Você saberia me dizer se o nome da irmã de Eduardo é Julia?".

"Julia é a filha dele", ela responde.

Observo Julia atrás do balcão: os traços do pai não mentem.

Em seguida, Isânia disse que falou com o amigo dela. "Olha o que ele respondeu."

No print enviado, vejo o nome do contato: "Rafael RJ" (nome fictício). Isânia pergunta como eles estão, Rafael diz que está tudo bem e faz a mesma pergunta, depois responde: "Aqui também está tudo em paz, mas nada de informações sobre o criminoso. Ninguém nem fala. Eu tenho quase certeza que ele está aqui bem perto. Dia de quarta e domingo, Lucia, Julia e Lilian saem e passam o dia inteiro fora. Uma pessoa de lá me falou. E o bar que não fechava nunca, agora fecha por volta das onze".

Perguntei quem era Lucia e se Lilian era a mulher de Eduardo. Isânia respondeu: "Lucia é a mãe dele, Lilian é a mulher mesmo: ela voltou para o Rio".

Isânia ainda disse que a mãe é natural de Queimadas, assim como Eliseu, e que eles são espertos. Sabem o que estão fazendo.

Mando uma foto das inscrições em amarelo "Bar do Eliseu" incrustadas na mesa amadeirada e digo que estou lá.

Isânia se surpreende e fala para eu ter cuidado.

Um rapaz branco, adolescente, entra. Outro funcionário, também da família. Cumprimenta Julia e Eliseu. Começa a passar um pano no balcão. Discretamente, pego o celular, finjo que estou mexendo nele, tiro uma foto do rapaz e de Julia e mando para Isânia.

Pergunto: "Esse rapaz é filho ou algum parente?".

"João Pedro, o filho dele. Nossa, como cresceu, Bruno. Ele tinha cinco anos na época. Hoje um rapaz. Julia é a filha mais velha, e hoje eles aí, trabalhando no bar. Refizeram suas vidas e nós aqui, com nossa dor."

Reflito sobre a idade relatada por Isânia. O garoto tinha cinco anos na época. Fico com isso na cabeça, pensando como este crime atravessou anos e gerações, e cá estamos, neste mesmo local, rodando infinitamente no luto, na dor e nessas vidas despedaçadas que buscam se reconstruir.

Decido puxar conversa com Rafael, o contato que Isânia me passou. Envio um "boa tarde" às 13h58, e às 14h ele me responde do mesmo modo. A foto do WhatsApp me mostra o perfil de um homem negro de expressões fortes, dentro de um carro. A mensagem em seu status do aplicativo é *"Keep calm and shoot first"* ao lado de uma bandeira do Brasil. Digo a ele que estou no bar e que gostaria de me apresentar para Eliseu, mas até então acho melhor não fazer isso.

Ele concorda, respondendo "não aconselho".

"Você acha que Eduardo está por aqui?", digito a pergunta enquanto observo João Pedro, Julia e Eliseu atrás do balcão, conversando sobre trivialidades.

"Não aí, mas muito perto. Na Rocinha ele não pode ir."

"Por quê?"

"Ele já saiu da Rocinha, expulso por três homicídios e também por estupro."

"Por isso ele foi para Queimadas... Você acha que ele tá no Vidigal ou em outra comunidade?"

"Em alguma área que não tenha tráfico. Senão pegam ele."

"Tô um tempinho aqui no bar e percebo que o pessoal é bem desconfiado. Você acha que alguém da família ou de fora garantiu segurança pra ele fugir da cadeia?"

"O pai. Eduardo tá só, não tem influência no mundo do crime. O chamado 'Jack' não é aceito."

Pergunto o que é Jack. Rafael responde que é como eles chamam os estupradores. Ele reitera para eu ter cuidado e diz "aí tem um garoto esperto de 15 anos, muito branco, filho de Eduardo".

Mando a foto de João Pedro para ele, escrevendo "ele, né?"

"Isso."

Mando a foto de outro funcionário que chega. Me assombra a semelhança dele com Luciano. "E esse, sabe quem é?"

"Funcionário. E olha, não é impossível que o bandido esteja escondido aí. Até acredito que ele trabalha na cozinha durante o dia, em alguns momentos. Tente não conversar com ninguém."

"Cheguei pedindo um tira-gosto e Eliseu disse que não tinha ninguém na cozinha hoje. Talvez ele venha só em alguns dias."

"Já pode ser uma desconfiança de você."

"Pode sim, porque vi um pessoal do lado comendo torresmo."

"Eu acredito que Eduardo more fora da Rocinha e venha só trabalhar na cozinha. Ele deve chegar cedo e sair de capacete, então fica difícil de ser reconhecido."

Volto a beber cerveja. Um dos velhos do lado de fora dá um gemido estranho, parece ter acordado de um sono de séculos. Ele começa a se coçar e pede mais cachaça para Julia, que o serve com paciência. João Pedro me cumprimenta com a cabeça, repentinamente. Respondo o gesto e peço mais uma cerveja. Ele me serve. Julia me olha, sorrio pra ela. Bebo mais. Volto ao celular e converso com Isânia.

"Tô conversando com Rafael aqui. Ele acha que Eduardo está por perto."

"Isso. Também achamos."

Comento o quanto eles são desconfiados, e ela diz novamente para eu ficar de olho, atento, pois são todos muito espertos. Diz que a casa em que viveu é do lado. Pergunto se é no bequinho perto do assador de galeto. Isânia responde que sim: "Nesse beco moram os pais dele".

Sobre os pais, pergunto se Isânia também acha que o pai o está protegendo.

"Sim, com certeza. Da última vez que Eliseu veio aqui em Queimadas, há pouco tempo, disse em alto e bom som que apesar de todo sofrimento, ele era filho."

Depois de alguns segundos, ela fala um pouco mais da vizinhança do Bar do Eliseu: "São todos paraibanos. Por isso que quando chega alguém da Paraíba, eles ficam todos ligados. A mãe de Eduardo foi para aí com dezesseis anos, conhece todo mundo. O menino dele mesmo pode ter dito que você estava aí. Devem ter uma boa rede de apoio."

Concordo com ela. Isânia me pergunta de Julia: "Uma mulher já, não é?"

Mando uma foto dela atrás do balcão com Eliseu.

Isânia fala que ela cresceu bastante mesmo, se surpreende. Pede para eu não falar com eles: podem estar envolvidos com criminosos que os auxiliam no processo de esconder Eduardo.

Mando a foto do funcionário para Isânia, para ver se ela o conhece. Ela se surpreende, pois o mesmo insight que tive, ela teve.

"Tô achando parecido com Luciano. Pelo amor de Deus."

"Não é ele, é mais novo! E Luciano ainda está preso."

Ela manda uma foto de Luciano, em choque, dizendo que a semelhança é assustadora. "Pode ser parente", respondo. Ela diz que Luciano é jovem, não tem filho, só uma filha. Ela manda mensagem para Rafael perguntando sobre esse rapaz. Ele nos acalma, garante que não é Luciano e que não é preciso nos preocuparmos. "É apenas um funcionário."

Isânia digita que ficou preocupada porque Luciano está prestes a sair da cadeia para entrar no regime semiaberto. Ela fica nervosa com essa possibilidade, porque tem certeza do envolvimento da família nisso tudo. Eles bancaram e bancam toda essa situação. A proteção dos filhos dentro e fora da cadeia.

"Um pouco antes da fuga de Eduardo, o pai veio aqui em Queimadas e vendeu a casa onde o crime ocorreu", relembra Isânia. Anoto essa informação no celular para não esquecer, pois ela fala que "não sei quem mora lá, mas tem moradores de fora da cidade. Só sei que logo que essa casa foi vendida, a mulher, Lilian, e o filho, João Pedro, foram para o Rio de Janeiro. Provavelmente para ficar próximo dele."

"Certo. E Lilian vivia sozinha em Queimadas com o filho?"

"Sim. Eles voltaram a morar juntos e foram para o Rio."

"Pelo que tô vendo, o filho trabalha ativamente no bar. Estava conferindo valores de mercadorias e tudo."

"Coisa que quem fazia era o pai dele e o tio. Aí vieram destruir nossa família. Esses dois criminosos trabalhavam no bar com o pai. Acho que a vivência nesse ambiente com drogas, violência e crime que é a periferia, os fez pensar que aqui eles poderiam fazer o que queriam. Coisas que eles não tinham oportunidade de fazer aí porque seriam assassinados pelo tráfico."

"Rafael disse que, aqui no Rio de Janeiro, Eduardo já havia matado e estuprado."

"Pois é, pois trouxe a prática para cá. Ele destruiu nossas vidas. Perdemos o que tinha de mais valioso."

Me despeço de Isânia, volto a observar o bar: nenhum movimento novo. Os velhos do lado de fora continuam lá, assim como a família de Eliseu.

Pergunto para Julia se há uma tomada, porque o meu celular estava prestes a descarregar. Simpática, ela diz que atrás de mim tem uma. Arrastamos as cadeiras de madeira que estavam atrás de mim, pego o meu carregador e o deixo na tomada. Percebo que Eliseu, João Pedro e o funcionário parecido com Luciano me encaram. Vou ao banheiro, não sem antes bloquear a tela do celular. Deixo em cima da mesa, dando bandeira, como um sinal de paz. Retorno, dou um sorriso para eles, sento e peço para Julia embalar o galeto que restou para a viagem.

"Senão não paro de comer!", digo.

Ela concorda, responde "é verdade, a pessoa não para".

As músicas bregas ecoam com mais força. Fico triste ao observá-los, sobretudo por perceber o que estou fazendo. Fico com uma breve sensação de todos serem vítimas, e eu o único algoz.

Pego o celular, respiro fundo, volto a conversar com Rafael, que permanece on-line.

Pergunto onde ele acha que Eduardo está.

"Talvez Tijuquinha ou Muzema", responde de imediato.

"É perto da Rocinha?"

"Uns quinze quilômetros."

"Entendi. Você conheceu Eduardo e Isânia na época que eles moravam na Rocinha?"

"Muito. Saíamos, éramos amigos. Comecei a me afastar quando Eduardo começou a se envolver com crimes."

"Ele se envolveu com tráfico?"

"Não. Ele era assaltante de residências na Barra da Tijuca."

"Mesmo com o pai tendo um comércio sólido, ele nunca quis trabalhar? E Luciano também assaltava?"

"Quando Eduardo veio da Paraíba com Isânia, Luciano era muito trabalhador. Chegava a limpar quinhentos frangos por dia. Ele nunca assaltou. Era o cara mais pacato que existia, só depois foi seguindo os passos do irmão."

Volto a olhar para o movimento do bar. Começa a tocar Pablo. O som alto. "Não fale dela" era o nome da música. "Depois daquela amarga hora, que eu calado fui embora..." Julia traz mais uma cerveja. Já estou ficando bêbado. A coragem fala mais alto. Coloco um lembrete no juízo para eu ir embora.

Já eram quase quatro da tarde. O tempo passa voando. O bêbado do lado de fora olha para mim, diz que o único estabelecimento que não fechou na pandemia foi as Lojas Americanas. "Pediram pra fechar, mas disseram que não e pronto!" Ele faz um brinde ao ar.

"Eduardo trabalhou muito com o pai", diz Rafael, "mas se perdeu na ganância e começou a assaltar."

"Pensei que ele tinha envolvimento com tráfico."

"O Nem odiava ele. Depois desses crimes que ele cometeu, Nem só não o matou porque Eliseu e Lucia imploraram pela vida do filho, aí Nem só o expulsou."

"Lucia ainda é casada com Eliseu?"

"Acho que são separados."

Finalizo: "Mesmo mudando o comando, pois agora quem manda aqui é o Comando Vermelho, Eduardo ainda corre risco? E será que já sabem que ele voltou?".

"Sabem. Todos já estão avisados e a ordem é segurar."

"Segurar?"

"Esquartejar."

Agradeço Rafael e digo que em breve mandarei mais perguntas para ele.

"Eu tenho muita consideração pela família de Isânia. Cuidado. Ele até deve saber que você tá aí, deve acompanhar tudo pelas câmeras."

Digo que não o identificarei no livro, mas que gostaria de saber com o que Rafael trabalha.

"Forças Armadas."

Após alguns segundos, Rafael me manda um vídeo dentro de um carro, dirigindo com uma mão. Com a outra ele segura uma pistola, a exibe na gravação, girando, até repousá-la no meio das suas pernas.

Ele digita: "ele que siga bem longe ou dou a chance dele pedir perdão pessoalmente no inferno".

O velho que falou das Lojas Americanas vai embora, quase tropeçando. O outro, sem camisa, continua no local que estava desde a minha chegada. Imóvel, quase morto. Pergunto para Julia como faço para chegar até a praia dali, ela me ensina, eu sorrio e digo que gostei muito do bar. Ela pede para eu voltar. A conta chega, viro o último copo, a imagem da arma de Rafael invade meus pensamentos, vejo a família, irmãos, avô, quem mais habita aquele espaço? Quem está sob a mira?

Já estava pensando nas outras perguntas que faria ao militar, pois era provável que ele me esclarecesse muitos outros detalhes, mas naquele momento eu não tinha como fazer mais nada. Estava esgotado. Pago a conta, me despeço de todos e saio com a sacola com galeto nas mãos, trôpego, pelo morro da Rocinha.

Desço, ainda com Zezo, Pablo e outros cantores bregas na cabeça, endiabrado e preocupado. Chego ao Posto 12, peço uma cadeira, sem guarda-sol. "Quer um galetinho? Comprei agora", ofereço. O cara da barraca aceita de bom grado, deixo minha bolsa e camisa com ele, que diz "Pode confiar que aqui ninguém mexe, vai lá tomar seu banho".

Apesar de tudo é o meu filho

Na manhã seguinte, abro os olhos e estou no quarto da pousada barata. Terminei me hospedando no mesmo lugar de meu tio e o pessoal de seu trabalho, onde ele sempre se instala, no bairro do Flamengo. Ele já havia saído para trabalhar e sairíamos da cidade à noite, então eu ainda teria uma manhã livre no Rio, já que havia marcado uma reunião com um amigo escritor de tarde.

Decidi caminhar pelo bairro, conhecer um pouco a região, ver o movimento, até que paro em uma padaria para tomar café e continuar a conversa com Rafael. Logo nas primeiras mensagens trocadas com ele, tive certeza que ele seria uma das fontes mais importantes deste livro. Havia muitas informações com ele e conhecê-lo só agora me fez pensar na quantidade de pessoas que eu poderia conversar ainda. A Barbárie de Queimadas se tornou um símbolo, uma marca na sociedade, não só paraibana, mas brasileira. É uma mancha que nos acompanhará para sempre, e que envolve diversas pessoas. Muitas que nem mesmo conheciam as vítimas, os culpados ou os familiares, mas que abraçaram a causa com convicção.

Abro o celular e volto a falar com Rafael, enquanto tomo um café preto e como um lanche.

"Bom dia, Rafael, belezinha? Obrigado pelas informações de ontem, foram bem úteis. Queria ir te fazendo algumas perguntas agora! A priori, queria saber como você conheceu Eduardo e Isânia e como era a relação deles aí na Rocinha."

"Bom dia! A minha família é de Queimadas e conheci a família Monteiro ainda na minha infância. Eduardo eu conheço desde que ele tinha uns seis, sete anos. Eduardo era um cara normal, apesar de ter sido criado sob pancadas e humilhações por parte do pai. Sempre teve muitos amigos e era querido por todos. Ele sempre quis mais do que tinha. A ambição por dinheiro, carros e motos o levou a fazer os assaltos. Ainda adolescente, ele roubou um dinheiro que o pai guardava em casa e comprou um carro."

"Luciano tinha essa ambição do irmão também?"

"Luciano nunca participou das coisas erradas do irmão, mas quando esse foi expulso pelo tráfico, decidiu ir atrás dele em Queimadas. Aí já viu."

"O pai ainda tinha uma casa em Queimadas e eles decidiram viver lá?"

"Inicialmente, eles foram para uma casa alugada e depois Eliseu comprou a casa onde aconteceu o crime. A casa já pertencia à família antes, acho que era de um tio paterno."

Pergunto sobre a relação de Eduardo com Isânia, pois ela sempre disse que a época do casamento foi difícil, então eu gostaria de saber mais detalhes. Rafael, vizinho deles que sempre saía com o casal aos fins de semana, disse que quando eles chegaram recém-casados na Rocinha, eram um casal comum. Quando Eduardo se envolveu com os assaltos, começou a deixar Isânia sozinha.

Na última vez que Rafael saiu com ele, os dois discutiram feio. "Ali eu vi que já era o fim", disse. "Por Isânia ser muito conservadora, acho que ela não concordava com as loucuras sexuais dele. E quando eu fui conversar com ele e dizer que era melhor ela voltar para a Paraíba, Eduardo simplesmente disse que ela não era mulher de verdade, chegando a dizer 'pega ela pra tu ver como é'. Eu até cheguei a oferecer passagem para ela ir embora, porque via que a relação estava chegando em um estado crítico."

Rafael também afirma que Isânia tinha dificuldade em terminar o casamento e retornar a Queimadas por conta da reprovação da família. Eles não aceitavam o término, achavam que Eduardo e a sua família eram ricos e que ela deveria permanecer casada. Já a família de Eduardo mantinha Isânia na Rocinha por pensarem que ela conseguiria acalmar os instintos do filho, segurá-lo, aquietá-lo.

Segundo ele, o casamento dos dois foi forçado: Isânia queria sair de casa, Eduardo precisava provar que era um homem bom. Como ele tinha uma vida boa e não trabalhava, todos em Queimadas achavam que o seu pai era muito rico. "Eles são ótimas pessoas, os pais dele, sabe? O negócio é que tiveram um filho desses e… Fazer o quê?"

Eduardo confessou ao ex-amigo que "pegou todas as mulheres que quis de Queimadas, inclusive as casadas", e que quando casou com Isânia, na verdade, ele queria a cunhada: Izabella. Por conta disso, ao voltar para Queimadas e se estabelecer por lá novamente, se aproximou da família Monteiro com sua simpatia voraz e armou toda a trama da Barbárie.

Pergunto sobre os motivos das brigas entre Eduardo e Isânia. Ele fala que fora Eduardo ter se tornado frio com Isânia, ele levava as armas e roubos para casa. E já estava envolvido com Lilian. Sobre ela, Rafael diz que era "mulher de um vagabundo", o qual traiu com Eduardo.

"Eduardo armou uma emboscada para o marido dela ser assassinado. Tudo isso para que ela ficasse com ele."

"Esse foi o primeiro homicídio dele? Lembro que, na nossa primeira conversa, você dissera que ele tinha cometido outros dois", questiono.

"O outro foi um duplo homicídio. Ele devia 10 mil reais a um agiota. Matou o agiota e outro rapaz para não pagar a dívida."

"A Polícia chegou a investigar esses crimes?"

"Foi registrado como autor desconhecido. Não houve flagrante nem denúncia formal. Eduardo é um psicopata e nunca assume nada, por isso a família ainda o protege."

Questiono o percurso de Eduardo na Rocinha, indagando sobre como se deu a expulsão, a idade que ele tinha e outros detalhes.

Rafael então comenta: "Eduardo nasceu na Rocinha e começou a aprontar muito novo. Aos quinze, dezesseis anos foi expulso da comunidade porque fazia bagunça com carros pelas ruas, dava 'cavalos de pau', acelerava por aí feito doido. E a família toda foi morar em Queimadas. Depois de um curto período, os pais voltaram para a Rocinha e ele permaneceu em Queimadas. Provou ser um rapaz comportado e logo conheceu Isânia, daí voltou a estudar, fazia supletivo, e depois casaram e voltaram para o Rio. Com pouco tempo deles aqui, Eduardo já começou a ir para o mundo do crime".

"A expulsão definitiva foi depois do casamento com Isânia?"

"Isso. O casamento acabou, Isânia já tinha voltado. Aí que ele realmente foi expulso por matar essas três pessoas e por um estupro. Como te disse, o Nem não aceitou. Ninguém do tráfico aceita essas coisas aqui dentro. Não tem perdão, mas graças aos pais dele, conseguiu suplício e correu para Queimadas, com Luciano atrás."

"Lilian seguiu em seguida."

"É, esses dois não conseguem desgrudar um do outro."

Tomo mais café, penso na próxima pergunta. Acredito ter informações suficientes sobre as relações afetivas de Eduardo, então volto ao bar de Eliseu.

"Fiquei sabendo que o Bar do Eliseu é um dos mais antigos da Rocinha. Você sabe dizer se é mesmo? Ele nasceu em Queimadas e saiu ainda novo de lá pra Rocinha?"

"O bar dele é muito antigo. Desde o final dos anos 1980."

"E por que você desconfia de Eduardo estar escondido perto da Rocinha e trabalhando no bar?"

"Por ter reunido todos os filhos e mantê-los trabalhando no bar. Pessoas próximas já me disseram tê-lo visto por lá também.

Você viu uma moça bonita sentada na cadeira na calçada? É filha de Eduardo", explica Rafael, falando de Julia.

"Eduardo então tem dois filhos. João Pedro e Julia?", pergunto.

"Isso, e também um neto."

"Esse neto é filho da filha ou do filho?"

"Da filha, deve ter uns seis anos."

"Outra pergunta que lembrei aqui. Você sabe dizer se a polícia já chegou a ir no Bar do Eliseu pra interrogá-los ou algo assim?"

"A respeito da fuga? Acredito que não porque não é crime se parente de primeiro grau esconder foragido. A polícia pode ter ido observar, mas sem se apresentar. E acredito que tenha ido. Fazer algo parecido com o que você fez. Mas o pior de tudo é que essa fuga não tem aumento de pena, uma vez que ele não cometeu nenhum crime. Apenas punição administrativa: uns trinta dias de isolamento. Viva o Brasil!"

"Bem, ele parece estar isolado. Polícia atrás, tráfico... Será que alguém poderoso pode estar o acobertando? Milícias?"

"Não, ele não tem utilidade nenhuma, pelo contrário. Está escondido e não pode 'prestar serviço' para esse pessoal. Se der as caras, a polícia pega. É um desastre total."

"E apesar disso tudo, Eliseu e família ainda o protegem. O que você acha disso?"

"Pai, né? Família é família. Eduardo já levou Eliseu à falência. O bar era grande e foi dividido. Tinha restaurante e uma pizzaria no andar de cima. E fechou. Era animado, sempre aberto, agora você viu como está lá dentro. Mudou demais."

"O que Eduardo fez para falir o pai desse jeito?"

"O pai tinha que pagar 11 mil reais por mês para manter Eduardo e Luciano protegidos no presídio. Era o seguro deles. Daí veio a pandemia e o bar teve redução no movimento, teve que fechar restaurante e pizzaria."

"Será que Eduardo decidiu fugir por que não estaria mais seguro lá dentro?"

"Não foi isso. O motivo de ter fugido é que não sairia antes de ter cumprido ao menos trinta anos. Falta muito tempo ainda. Como Luciano pegou 44 anos, já pode pedir progressão de pena com um quinto dela cumprida. O que dará direito a um regime semiaberto ainda este ano", ele para de digitar por um tempo, depois envia, "na verdade, uma pena por homicídio teria que ser a mesma da vítima".

Continuo indagando: "Como o pai bancava a segurança deles dentro da penitenciária, o que você acha da fuga de Eduardo? Desconfia de alguém que pode ter o ajudado? Como ele saiu pela porta lateral de um presídio de segurança máxima?".

"Talvez a venda da casa e de uns terrenos da família em Queimadas, totalizando 1,250 milhão. Quem auxiliou a família nisso e embolsou uma grana alta? Certamente um advogado. Essa fuga não tem como ser tratada com um simples agente. É gente grande, vem de cima."

Agradeço e o militar diz que eu posso contar com ele para qualquer coisa, pois quer a resolução desse caso.

Peço a conta da padaria e me preparo para sair, ganhar as ruas cariocas, arejar a cabeça e filtrar o que havia lido. Rafael manda mais duas mensagens: "Quero um exemplar com dedicatória" e termina com "faço questão de pagar".

Parte 6

Uma década de luta

Na última conversa que tive com Isânia, ela falou que não se sentia tão motivada a fazer uma homenagem a Izabella e Michelle no ano de 2022. No dia 1º de fevereiro ela voltou a falar comigo, buscou forças, pretendia fazer um memorial de dez anos de saudade para a irmã e colega. Ela queria alguma orientação, desejava fazer uma espécie de painel com textos de pessoas que acompanharam o caso e que pudessem trazer uma leitura da Barbárie nesses dez anos, me convidando então a escrever um texto. Aceitei imediatamente e disse que ela poderia propor textos livres, sem gêneros, para cada um escrever da maneira que fosse conveniente.

No dia seguinte, Isânia disse que muitas pessoas aderiram à proposta e que estava feliz por isso. "Vou correr contra o tempo para conseguir pegar todos os textos e colocá-los nos banners." O convite para o envio dos textos chegou ao meu e--mail. Uma proposta bem formal, mas que serviria para organizar e formatar os textos de todos os convidados. Veio também com um termo de autorização que formalizava o uso do texto.

Aceitei o termo e enviei o meu texto, que rememorava a trajetória deste livro e o meu intuito com ele. Isânia gostou da leitura, agradeceu, e disse ter ganhado uma motivação a mais com todos os textos recebidos.

Ao escrevê-lo, porém, tive um sentimento de incompletude. Uma década da Barbárie de Queimadas: uma história sem ponto--final. O livro acabaria, mas a história seguiria. Quando aquelas que se foram e as que ficaram conseguiriam paz? Quando haveria trégua nesta guerra? O conflito seria constante e a solução para Isânia e sua família aparentava ser continuar na cidade, segurando seu posto e convicção, provando que aquele pedaço de terra era delas também.

No dia 5 de fevereiro, o primo de Izabella, George Paulino, postou no Twitter a sua comoção em escrever o texto pedido por Isânia.

No próximo dia 12 completam-se dez anos do assassinato da minha prima Ju, no crime que ficou conhecido como a Barbárie de Queimadas. Acabei de escrever um texto a pedido da família e estou com a emoção à flor da pele. Acessar memórias afetivas compartilhadas com quem já partiu é sempre muito doloroso.

A data foi se aproximando, e, como de costume, o número de postagens e comentários sobre a Barbárie foi crescendo consideravelmente. Matérias em sites, jornais e televisões regionais surgiam. A grande repercussão no ano do crime, quando a notícia chegou ao *Mais Você* e ao *Fantástico*, nunca mais se repetiu, mesmo com as atualizações do caso. No *G1*, as jornalistas Lara Brito e Luana Silva fizeram uma longa matéria sobre o crime e as suas atualizações. Assim como eu, elas tiveram dificuldades de acessar algumas informações. A matéria conta com algumas fotografias de Carol Diógenes, que preparou um documentário sobre a Barbárie. No Twitter, boa parte das pessoas que falavam do caso diziam: "Continuamos com a mesma pergunta há 517 DIAS: Onde está Eduardo dos Santos Pereira?".

O perfil Parahyba Threads, que já havia feito uma longa postagem sobre o crime em outra ocasião, agora publicava: "Em quase dois anos de Parahyba Threads a gente discutiu sobre vários temas importantes. Elogiamos, cobramos e criticamos várias pessoas de vários espectros políticos. Mas acreditem, o ÚNICO tweet que tivemos problemas judiciais foi o que cobramos justiça pela Barbárie de Queimadas. Isso explica muita coisa". Esse caso destacado pelo perfil foi confrontado por Lídia Moura, responsável no período pela Secretaria de Estado da Mulher e da Diversidade Humana.

Comecei a me preparar desde cedo para ir a Queimadas. O memorial de Izabella e Michelle seria às 19h, então pensei em permanecer na cidade. Nem sempre o retorno para Campina Grande de noite, por meio dos transportes disponíveis, é fácil. Ficaria em uma pousada e partiria no dia seguinte. O percurso de Campina Grande até Queimadas estava memorizado. Conhecia os estabelecimentos, as curvas, as pausas das vans, o momento da chegada no centro. Durante esses anos, Queimadas se tornou um pedaço de mim. Entretanto, no meio de tantas imagens comuns, algo me surpreende: não vejo o outdoor que Isânia sempre coloca na entrada da cidade no período de rememoração das vítimas.

Assim que cheguei, me dirigi até a pousada. Era sábado e a chance de não ter vagas disponíveis era grande, mas arrisquei e consegui. Dessa vez, fiquei em um anexo da pousada, local com quatro quartos, localizado acima do restaurante que servia o café da manhã e almoço. Subi ao quarto, onde fui bem recepcionado e decidi descansar um pouco. Não consegui. O vento forte da cidade fazia com que a porta, mesmo fechada, batesse sem parar. Fechei a porta da entrada que ficava em uma espécie de minúscula sala de recepção, mas não funcionou.

Ao conectar o celular para carregar, vi uma mensagem de Isânia. Indignada, ela desabafava contando que acabara de ver Abraão bebendo à porta da casa da tia. "Não aguento. Imagina?" Fico sem reação. Ela diz que este dia parece pior que todos os outros anos. Sente que há uma energia pesada no ar. Isânia também diz ter visto pessoas com máscaras de papangu no local onde o evento será realizado, o Educandário Santa Terezinha. Essas máscaras foram proibidas de serem usadas na cidade, mas como o Carnaval está perto, as pessoas não se importaram em adquiri-las. Ver essas máscaras deve causar um efeito terrível em Isânia e Pryscila, apesar de estarem tentando se concentrar na organização do memorial.

"Muitos papangus passando na rua", ela digita. "A sensação que tenho é de que estamos naquele triste 12 de fevereiro."

Pergunto para ela sobre o outdoor, comentando: "Este ano não o vi na entrada da cidade".

"Não consegui, Bruno. Porque os outdoors estão alugados por um ano. Isso foi ruim, mas por essa razão decidi fazer essa homenagem, o memorial."

Quanto a Abraão, Isânia me contaria mais tarde que havia gritado com ele no meio da rua. "Bonito, tá celebrando, né?" Ela tinha parado o carro na frente da casa da tia dele e começado a vociferar. Abraão ficara sem reação. "Sabe que dia é hoje? Faz dez anos que você estuprou a minha irmã, vocês estupraram e mataram. Bebe mesmo, é dia de celebração, muito bonito!" Isânia acelerou e foi embora. Ao retornar, depois de um tempo, ela disse que ele não estava mais por lá.

Não consigo dormir. Desço para comer alguma coisa, vejo que já são seis horas. Começo a me preparar. Sei que será uma longa noite. Às 18h40 pego um táxi. O taxista diz não conhecer esse Educandário Santa Terezinha, então passo o nome da rua e ele coloca no GPS. Enquanto seguimos, como geralmente faço, puxo papo sobre a Barbárie e explico o motivo do evento. O homem engole seco, fala que aquilo foi um absurdo, e que o seu irmão quase foi para a festa.

"Ele foi convidado, pô... Era muito amigo de um dos meninos, que terminou o chamando. Graças a Deus não foi. Imagina se fosse?"

"Eita, bicho, bom que não foi mesmo. Qual o nome desse amigo?"

"Abraão."

"Ahn, eu sei. Como será que é para esses meninos hoje?"

"Difícil, né? E assim, eu não boto a culpa neles. Os irmãos é que são os ruins. Inclusive um deles fugiu. São os bandidos de verdade. Eles ameaçaram os meninos, pô. Botaram arma neles e obrigaram a fazer a coisa. Numa situação dessas você faz o quê?"

Fico em silêncio e volto a perguntar do irmão dele, buscando saber os motivos de ele não ter participado da festa.

"Ele não foi porque era aniversário de outro amigo dele, acredita? Olha só que sorte."

Finalmente achamos a escola, que ficava bem escondida no fim de uma rua escura e em frente a um enorme descampado. A única luz vinha da própria escola, um poste pequeno que iluminava o nome Educandário Santa Terezinha. Aparentemente todos foram convidados ou conhecem alguém que foi, assim como em Campina Grande.

Bato na porta da escola e Isânia me recepciona.

"Cá estamos de novo, Isânia", digo.

Ela ri e concorda.

"Mais um ano, né."

O local é grande, aberto, há uma decoração bonita com luzes verdes e roxas espelhando a logo do memorial com a foto de Izabella e Michelle e o título "Dez anos de saudade". Diante de mim, o palco é organizado. Uma televisão exibe fotos das meninas, familiares e amigos. Inúmeras cadeiras estão espalhadas e, na parede ao lado, os textos que Isânia pediu para escrevermos. Localizo o meu e começo a ler os outros. Sempre emocionante perceber como este crime afetou e continua a afetar pessoas tão distintas. De acadêmicos a familiares, de artistas a comerciantes, de amigos a desconhecidos. Leio o texto de George Paulino. Neste momento, Pryscila me vê e acena.

Isânia se aproxima, diz que vai tomar um banho e depois volta, pede para eu ficar à vontade.

Fico sentado, aguardando a cerimônia começar. Envio uma mensagem para Ana Caline perguntando se ela comparecerá, ao que responde dizendo que estava ocupada e que não conseguiria chegar a tempo. Até que a jornalista e amiga Samara Maciel chega. Cumprimento-a e começamos a conversar. Samara me passa informações importantes sobre a Barbárie nesse diálogo, dados que reforçam o que Rafael havia me dito. A jornalista diz que outros familiares de Eduardo, fora o seu pai, venderam terrenos em Queimadas também.

"Antes da fuga de Eduardo?", pergunto.

"Isso. Não tem aquela tapiocaria na entrada da cidade, onde o pessoal sobe pra fazer as trilhas? Tapioca do Irmão Jairo?"

Concordo com a cabeça.

"Ali perto é cheio de casas e terrenos. A família dele tem uns quadros de terrenos naquela área e venderam. Do nada aquilo tudo foi colocado à venda. Estranho, né?"

"Talvez para pagar a fuga dele?"

"Sem dúvidas."

"E essa área tem algum nome?"

"Ali é conhecido como sítio Zé Velez, nome do avô de Eduardo. O povo chama de Zé Velho também. A família dele toda é de lá. E foi os quadros de terra dessa área que eles venderam. Hoje só sobrou o mercado do avô dele."

Os lugares começam a ser ocupados. Dona Bezinha e outros familiares de Michelle se aproximam. Samara vai até eles, os cumprimenta, eu aceno de longe. Em poucos minutos, o Educandário está cheio. O habitual clima de luto e tristeza está intensificado por Fátima Frazão não estar presente.

Isânia e Pryscila voltam, falam com Samara, seguem até o palco e começam a ajeitar os últimos preparativos do evento. Há uma apresentadora que faz uma introdução sobre os fatos, seguida de um casal que canta músicas religiosas. A tia de Michelle sobe no palco e reza o terço dos homens. Um padre, novo na cidade, sobe e profere um sermão sobre perda e saudade. Em seguida, a poeta Anne Ferreira atravessa o pátio declamando o seu poema "As memórias de uma flor".

Durante a leitura, transporto-me para 2019, o meu primeiro ano pesquisando e apurando este caso. Naquele 12 de fevereiro, Anne declamou o mesmo poema com violino em punho, como agora. Com a voz firme, sem vacilar, apesar da emoção, ela destila o poema em homenagem as mulheres que foram violadas e mortas na Barbárie. Os versos sempre emocionam o público:

Minha visão escureceu
Eu já não via do mundo cor
Os arranhões e a mordaça.
Meu coração palpitava dor.
O que me prendia era forte
Só não era mais forte
Que o prazer do agressor.

Achou pesado o que falei?
Não falei, estava a gritar
Meu grito virou um sussurro
Sem forças, comecei a chorar
Uma lágrima me escorreu
Levando um recado meu
Nunca, nunca pare de lutar!

Quem sou eu? Eu sou tantas
Eu sou a linda Izabella
Eu sou a rosa Michelle
A Ana Alice flor bela
Eu sou as várias Marias

Que renascem todos os dias
Eu sou essa, eu sou aquela

Eu sou Queimadas, sou o mundo
Sou uma flor resistente
No deserto, sou flor de cacto
Primavera, sempre, presente
Na chuva posso me molhar
Podem até tentar me calar
Mas sou arte resiliente

Sou o grito das silenciadas
Sou tantos "bença mainha"
Sou vários "Deus te abençoe"
Sou da alegria, menina
E um abraço forte
Forte, que conforte
Que me dê e te dê vida

E o amor que sou?
Que tudo suporta, o amor
Que ensina, que aprende
As memórias de uma flor
Que luta e não desiste
Que acredita e insiste
Em um mundo com mais amor.

Ao contrário da emoção sensível que o poema desperta nos presentes, tenho um sentimento de horror. Perceber que estamos neste círculo infindável é assustador. O que conforta é a permanência das irmãs Monteiro em continuar resistindo. Ver que o rosto de Anne não é mais o mesmo, assim como o de Pryscila. Ver como essas mulheres fortaleceram a si próprias e a cidade em que vivem. Como aprenderam a lutar com as armas que tinham em mãos. Seja a voz, o violino, a poesia, a denúncia, elas reuniam meios para aprender a não se calar diante de tanta violência. Isânia sobe no palco para finalizar o evento. Sua fala, como sempre, é combativa. Ela tira forças de onde não tem para falar do amor que sente por Izabella. Do absurdo que é Eduardo estar foragido. E de como este memorial é importante, mesmo sabendo que mais pessoas da cidade poderiam estar lá.

"Mais pessoas poderiam ter vindo", ela diz.

No fim do evento, conversamos banalidades. Eu e Samara, juntos, falamos com os familiares de Michelle. Todos parecem aliviados após o término do memorial. Tiramos fotos em frente ao logo do evento, onde há luzes no chão e um painel. É preciso viver em meio à tristeza, não podemos parar. Vejo a então vereadora Jô Oliveira e conversamos por um tempo. Há militantes de grupos feministas também. Me alegro em vê-las. Tiro uma foto com Isânia, Samara e Pryscila.

Após essa foto, Pryscila fala comigo, "ei, você é quem foi lá pro Rio?".

"Isso!"

"Rapaz, tu não ficou com medo não?"

"Fiquei, e muito!"

Ela ri. Percebo que Pryscila se sente mais à vontade de conversar comigo. Parece que o meu ato de ter ido ao Rio era a prova que restava para confiar em mim. Isânia se aproxima, diz que as fotos que enviei para ela foram parar nas mãos da superintendente regional da Polícia Civil Maisa Félix, uma figura conhecida na Paraíba. Maisa coordenava as delegacias especializadas da mulher, onde realizou um trabalho de grande relevância e que ganhou destaque nacional, fazendo com que ela fosse a vencedora do Prêmio Viva 2020 na categoria Justiça e Segurança. Ela se esforçou para conscientizar inúmeros homens sobre os direitos das mulheres e a violência doméstica, saindo às ruas e se mostrando firme em suas colocações.

No áudio que Isânia me mostra, Maisa diz que estão tentando de tudo para entrar no Rio de Janeiro, mas que é difícil. A polícia de lá não dá espaço para eles, é complicado. Isânia afirma que Cassandra Duarte também está a par de tudo e auxiliando da maneira que pode. Pergunto para Isânia sobre a questão política, de talvez ter gente grande impedindo que a polícia trabalhe.

"Talvez ele nunca seja preso", digo. Isânia concorda com a cabeça, impávida.

"Tem uma pessoa de lá que disse que viu Eduardo numa moto", Pryscila volta ao assunto.

"Ele tá lá, isso a gente já sabe", Isânia sussurra, "o negócio é pegar."

A família de Michelle se despede de nós, Samara fica ao meu lado, fala da venda de terrenos dos familiares de Eduardo, assunto que faz com que Isânia se lembre de quando Eliseu estava na cidade para vender a casa onde ocorreu a Barbárie.

"Ele veio pra cá pra vender a casa, ficou um tempinho aqui. Estava numa bodega e eu passei perto dele, sabe, depois me disseram que ele me viu e disse 'meu filho fez muito mal pra essa mulher, mas ele continua sendo o meu filho', veja só se pode uma coisa dessas?"

"É tudo muito absurdo. Eu aprendi a ficar mais forte com o tempo, mas não é fácil", Pryscila diz.

Nós saímos da escola. Do lado de fora está Dinart, marido de Isânia, e outro rapaz em uma moto, amigo de Pryscila.

Conversamos mais um pouco, a lua alta, noite agradável. O clima do lado de fora lembra outras noites na cidade, quando estive com elas na casa de Fátima. Simpática, apesar da aura triste que a contornava constantemente. Pryscila está mais falante, nunca a tinha visto desse jeito. Ela fala das atividades que tem feito, como andar de bicicleta, fazer trilhas, corridas, e de como isso fez bem para ela. O rapaz na moto diz que "mudar as companhias também fez bem". Ela, sem jeito, concorda. Hoje, Pryscila é assistente social, especialista em serviço social e políticas de saúde e mestranda na disciplina de gênero, diversidade e relações de poder da Universidade Estadual da Paraíba.

Pergunto para Pryscila se é verdade que ela começou a praticar tiro, já que em seu Instagram é possível ver alguns vídeos dela com diversos tipos de armas, de revólveres a espingardas. Pryscila diz que, apesar desse seu novo hobby, ela não é "bolsominion".

A casa de Isânia é perto, Samara está de carro e diz que vai me levar para a pousada. Antes de entrarmos no carro, Isânia comenta que Dinart pediu uma pizza, nos convidando para comer. Samara agradece o convite, mas responde que no dia seguinte acordaria cedo para trabalhar. Eu estava exausto e, apesar de querer ir, preferi deixá-los curtirem o momento entre família.

"O convite tá de pé, viu, é só vir!", Isânia repete e caminha até a sua casa.

Ela conta que interrompeu seu mestrado por questões de saúde. Não dormia e tinha crises de ansiedade. Voltou a dizer que é difícil para elas reconstruírem suas vidas. Então ela caminha em direção a sua casa e, ao vê-la com seu andar lento, compreendo ainda mais sua dor.

Ao chegar na pousada, faço algumas anotações para não me esquecer de escrevê-las depois. Também envio mensagens para algumas fontes importantes, perguntando se havia alguma atualização, fala nova, qualquer coisa que pudesse dar a impressão de que estamos dando um passo para a frente, não regredindo. Deito e continuo sem conseguir dormir.

Em algum lugar de Queimadas, próximo, talvez longe, é impossível identificar da varanda: parece estar em toda cidade, da pedra mais alta ao paralelepípedo mais baixo, um som de festa contamina cada centímetro do quarto. Um forró estridente. Fecho a janela. O som continua entrando, mas todos esses ruídos vão desaparecer lentamente, restando o amanhã, desconhecido.

Alguns jornalistas que se mostraram empolgados em falar comigo não me responderam mais. Talvez por conta da proximidade das eleições ninguém quisesse se comprometer.

No meu caminho de volta para Campina Grande, o advogado Francisco Pedro da Silva me atualizou da situação do único culpado da Barbárie que ainda está preso: Luciano. "É isso mesmo, amigo velho, só tá faltando Luciano terminar de cumprir a pena dele de quarenta e quatro anos... Mas ele tá perto de sair pelo tempo que ele trabalhou lá." O advogado reforça que Luciano mais dormiu que trabalhou no PB1.

Gilberta Soares havia me dito que, na cadeia, estupradores geralmente assumem uma postura de bondade muito grande. Quando são bem relacionados, trabalham na cozinha, algo que aconteceu com Eduardo e Luciano. Uma parte da população de Queimadas se sente ofendida com os culpados da Barbárie não terem ficado nem dez anos presos, sendo que as suas condenações passavam bem mais dos vinte anos.

Outra novidade que vejo no meu retorno é que Sérgio Fonseca saiu do cargo de secretário estadual da Administração Penitenciária da Paraíba e se tornou comandante-geral da Polícia Militar. Em uma postagem, ele diz "o bom filho à casa torna", reafirmando o seu desejo em fazer o melhor pela Polícia Militar. "[...] recebi do governador João Azevêdo a minha maior missão profissional: comandar a Polícia Militar da Paraíba. Um dia cheio de emoção e gratidão ao Grande Arquiteto do Universo por me permitir alcançar mais esse objetivo. Chegar ao comando geral da PM é o sonho de carreira de qualquer oficial militar."

Para o jornalista Márcio Rangel, quando perguntado sobre as fugas que houve no PB1 durante a sua gestão, Fonseca afirmou:

"Falhas ocorreram, mas foram apuradas [...]. O que acontece são coisas imprevistas, mas a polícia tem que se antecipar e tem feito isso. Isso não pode apagar o que foi feito nos quatro anos. Vamos ver que tivemos mais avanços que erros."

A estrada segue, as atualizações também. Já estou fora de Queimadas. A música "Hackearam-me", cantada por Marília Mendonça e Tierry toca na rádio da van lotada que perambula por Campina Grande. Na minha frente, vejo uma moça de pé, bocejando, taciturna. Ao seu lado, um homem de traços rígidos, idoso, de bigode salpicado com restos de comida. O olhar da menina parecia acompanhar as ondas da música, derretendo no suor que todos do veículo exalavam, no clamor dos instrumentos e das vozes, indo além do que estava diante de nós, daquele mundo agreste, nos sombrios intervalos silenciosos das ruas. Mais triste ainda: o olhar continuou até se dirigir a mim, como um pedido de socorro, se perdendo adiante no céu azul e vencido. A música para. Outro sertanejo toca. Depois, um forró das antigas.

Ao chegar em minha parada, desço na praça dos hippies de Campina Grande. A van segue com aquele olhar triste dentro de si, indo e voltando, harmonizada e quase melancólica em seu sacolejo trepidante.

Respiro fundo, pego o celular. No dia anterior, eu havia perguntado para Jaqueline, irmã de Jacó, se havia mais alguma novidade. Ela responde dizendo que não, mas que deseja ler o livro e que as coisas estão indo bem agora. Em seus stories do WhatsApp, leio a postagem: "Que darei eu ao Senhor, por todos os benefícios que me tem feito? Quanto Deus já nos tem dado! A vida, a saúde, o sustento, e, em Cristo Jesus, ele nos deu a salvação. Salmos 116:12".

Acidentes esperando para acontecer

Em 18 de abril de 2022, Rafael da Rocinha volta a falar comigo. Ele envia o print de uma postagem de Facebook: o perfil de nome Maria Cristina postou a foto de um senhor de idade, cabelos brancos, vestindo uma camisa do Brasil. No texto da imagem, a usuária diz: "Um amigo incrível que mesmo em trancos e barrancos marcou minha vida, deixando comigo muitas memórias e que fará grande falta. Mas os planos de Deus são maiores que os nossos e ele sabe de todas as coisas".

Na localização da postagem havia "Forró do Eliseu". Rafael então me explica que esse senhor morreu na escada lateral do Bar do Eliseu, onde o dono do bar mora. Eu me lembro da escada, íngreme, ao lado do assador de frangos.

"É muito estranho. Ninguém sabe detalhes", diz Rafael, "o cara foi encontrado muito machucado e levado para o hospital com traumatismo craniano, olho estourado. O que me leva a crer que foi porque ele viu 'algo proibido', sabe? Acredito que foi espancado."

Pergunto se Eliseu ou alguém do bar depôs sobre o ocorrido na polícia.

"Não. Porque foi registrado como acidente. Alegaram que ele caiu da escada. Como não teve óbito no local, não teve perícia."

Rafael continua relatando que esse senhor não era uma figura desconhecida. Por meio de uma breve apuração, confirmo a informação: a vítima era funcionário antigo do Bar do Eliseu, "trabalhou lá na época do ocorrido com Eduardo, eu acho que ele sabia muito dos bastidores".

Rafael acrescenta que ele tinha sido demitido e tinha contas para receber do dono do bar.

"É tudo muito suspeito", conclui.

Escola do fogo

> *Varrer o dia de ontem*
> *que ainda resta pela sala,*
> *o dia que persiste,*
> *quase invisível*
> *pelo chão,*
> *nos objetos*
> *sobre os móveis da sala.*
> *Varrer amanhã*
> *o pó de hoje.*
>
> "Da rotina", Micheliny Verunschk

A baia dos cavalos dos irmãos Eduardo e Luciano está agora fechada. O portão verde, manchado de tinta branca, as paredes descascando: o local que serviu de reunião para os homens da Barbárie e como chave crucial para a revelação do crime, agora está repleto de matos. Uma natureza abundante tomou conta do espaço. E, lá dentro, uma árvore cresceu.

A casa onde ocorreu o crime continua a mesma. As marcas da passagem do tempo arranham as suas paredes. Em frente a ela, uma grande obra da prefeitura que era anunciada, a construção do Novo Mercado Público, atualmente já está inaugurada e em funcionamento. Ao lado da casa há uma açaíteria. Um quiosque com salgados e sucos. Os espaços mudam, mas suas histórias não.

Um carro de som passa anunciando uma festa na cidade. Uma quadra de futebol abandonada, com a trave caída. Um orelhão destroçado. Há bastante movimento nas ruas. A dona de uma ótica me encara. Um ônibus escolar para cheio de crianças que descem fazendo barulho. A igreja, ainda de pé, os adolescentes saindo da escola eufóricos, rapazes e garotas enchendo Queimadas de possibilidades. Um futuro que se anuncia não só para essas pessoas desconhecidas, mas para aquelas que foram retratadas aqui.

Para a família de Michelle e de Izabella, que permanecem lutando para sobreviver e lidar com as suas chagas. Para Joelma, que vive em Campina Grande e está feliz com a sua nova vida. Em seu perfil do Instagram, ela publica a mensagem: "Aceite-se a si mesmo" junto às fotos de seu filho. Assim como para Pryscila, que tem um estilo de vida ativo. Para Lucivane, que se casou novamente e vive uma vida pacata, sem querer ser incomodada com esse tema, mas ciente da importância de continuar lutando.

Para Ana Caline e Samara Maciel, que reforçaram o quanto a Barbárie as impactou e ainda impacta, uma cicatriz. Ambas já fizeram outros trabalhos sobre o assunto, como se fosse um vínculo crucial para qualquer jornalista da cidade, uma obrigação: Samara escreveu algumas matérias, Ana gravou um curta-metragem documental.

Para Ana, fazer esse trabalho a deixou mal.

> Me senti sugada, apesar de o crime ter acontecido há anos, parece muito próximo, muito vivo. E em Queimadas é a mesma coisa. Segue a vida, mas de vez em quando a gente lembra e também pensa sobre os rumos que isso tomou. Sobre os criminosos que estão soltos, sobre a rotina da cidade que nunca mais voltou a ser a mesma.

"É incrível", diz Samara, "esse caso sempre fez parte da minha vida. Dez anos se passaram e ainda é recente. Quando aconteceu, eu tinha dezessete anos, estava na faculdade de jornalismo. A Barbárie foi a minha primeira matéria jornalística. Não sabia escrever uma direito, e falei sobre esse caso, que desde então permaneceu em minha vida."

As duas sabem que este crime sempre estará enterrado no cemitério de cachorros, nas rochas, sempre fará parte da cidade em que vivem. Elas me auxiliaram a tentar quebrar um pouco dos silêncios, algo necessário, pois onde há silêncios tão repressivos, há medo. Sabem que nossa função foi romper, ao menos um pouco, com essas quietudes.

E, claro, o futuro se anuncia em uma ou outra iniciativa para a própria Queimadas, como a premiação de melhores do ano de Queimadas, promovido por Kléber Carvalho em sua página no Instagram Melhores do Ano de Queimadas, a filmagem da série *Cangaço Novo*, que vai estrear na Amazon, além das notícias que continuam se espalhando pelo grupo do WhatsApp.

Enquanto o futuro não chega, a Barbárie, finalmente, ganha outra vez destaque nacional. Depois de uma década de crime, em 2023, um episódio da nova temporada do programa *Linha Direta*, agora apresentado por Pedro Bial, expôs o caso fazendo com que se tenha mais chances de recapturar o foragido Eduardo dos Santos Pereira.

"É preciso falar a respeito, sempre", como diria Isânia.

Ainda naquela noite que marcava uma década da Barbárie de Queimadas, que parece tão distante, lembro que o tempo parecia ter parado. Um respiro em meio ao conflito. Antes de nos despedirmos, eu conversava com Pryscila sobre uso de armas, o motivo de ela praticar tiros.

Para Pryscila aquela era uma forma de "desopilar, botar para fora as coisas", assim como a bicicleta, entre outras atividades que exerce. Ela debocha ao se lembrar de uma vez que Isânia entrou no carro dela e viu um canivete.

"Eu logo disse 'oxe, menina, o que é isso?'", relembra Isânia.

"E eu não sou 'bolsominion', viu?", Pryscila fala olhando para a irmã, que faz uma careta e abre um sorriso sem graça. "É que eu gosto."

"Eu não gosto dessas coisas, mas ela gosta", justifica Isânia para mim.

No meio de tantos conflitos, as soluções que surgem vão sendo tão violentas quanto aquelas que as originaram. As armas de fogo, usadas em tantos crimes, vêm sendo vendidas como ferramentas de defesa para a população. Mais que um hobby, vem se tornando estilo de vida. Entre setembro e novembro de 2022, o Exército concedeu mais de 2 mil novos registros por dia a caçadores, atiradores e colecionadores.* Clubes de tiro com funcionamento durante 24 horas, treinamento exclusivos, tiro em família e até o termo "tiroterapia" surgiu em tempos recentes. Há também cursos de empoderamento feminino com armas, desenhos que vão da Hello Kitty armada ao estímulo da série *Peaky Blinders*.

O ex-presidente Jair Bolsonaro vinha tentando diminuir a limitação de acesso a armas e munições no país. Em sua gestão, foram quinze decretos presidenciais, dezenove portarias de órgãos de governo, dois projetos de lei e duas resoluções com esse intuito.

Onde tudo é barbárie, nada é barbárie: por conta dessa máxima, não podemos perder a nossa humanidade nas batalhas de ontem e de amanhã, afinal, vamos precisar dela para lidar com histórias como essa. A Barbárie, no fim, faz lembrar que vale a pena viver e continuar lutando por algo, por alguém, por qualquer rastro de humanidade.

Pryscila gosta de atirar, "fazer as coisas, movimentar, sabe?", e é reconfortante vê-la tão mais sorridente do que nos últimos anos. E é isso que importa. Ela fala que melhorou bastante, se sente mais à vontade, mesmo com as notícias ruins da fuga de Eduardo; hoje, ela realmente se vê mais livre dos seus próprios traumas e acredita que as atividades físicas, se afastar de certas

---

* Carlos Madeiro e Caê Vasconcelos, "Registro de armas para CACs sobe a 2 mil por dia no fim da gestão Bolsonaro", *Uol Notícias*, São Paulo, 8 dez. 2022. Disponível em: <https://noticias.uol.com.br/colunas/carlos-madeiro/2022/12/08/registros-de-armas-por-minuto-no-brasil.htm>. Acesso em: 1º jun. 2023.

companhias e ficar mais próxima da família, a ajudaram a se entender consigo mesma e com o que passou.

A experiência ganha da conjectura.

Em um dos seus vídeos atirando no Instagram, ela coloca de fundo a música "Girl Like Me", interpretada por Shakira e Black Eyed Peas. "When I come it shines like glitter/ Baby, you know I need no filter", diz um trecho. Na legenda de outro vídeo em que ela treina com um rifle, lê-se "Embaixo de cada face de mulher existe uma beleza escondida que só o amor-próprio e a autoestima são capazes de revelar. Empodere-se!".

Anne Ferreira, a poeta e violinista de Queimadas, também pratica tiro. Em seu Instagram, vejo uma foto dela praticando e a legenda "De hoje: descarregando as energias e os cartuchos!".

O descampado ao lado do Educandário Santa Terezinha e suas luzes parcas, à noite, as estrelas e a lua cobrindo essas pessoas descontraídas e em um momento onde tudo parecia ser possível. E é. Elas provaram ser. O nosso assunto para por alguns segundos. Tempo morto. Pryscila, cabisbaixa e com certa timidez, quebra o silêncio ensurdecedor: "Mas é aquilo, né... Eu pratico para desestressar e tudo mais, só que...", ela levanta a cabeça, firme, "se vierem para cima agora, quero nem saber... Eu atiro!". E ali, dentro do buraco, das pedras e da escuridão, começamos a rir.

Posfácio
Realismo insuportável

"Como escrever a respeito sem parecer que você está se aproveitando da Barbárie? Como se coloca afeto e sutileza em uma obra como essa?", perguntou o jornalista e assessor da Funesc (Fundação Espaço Cultural da Paraíba) Jãmarri Nogueira, em uma live no Instagram no dia 16 de outubro de 2020. A pergunta ainda ecoa em minha cabeça. Até agora.

No dia 29 de setembro de 2020, a editora Todavia anunciou o meu nome como vencedor da primeira edição do Prêmio Todavia de Não Ficção. A alegria veio junto com a responsabilidade em dar conta não só de um livro-reportagem que eu sabia ser desafiador, mas de uma não ficção, uma realidade latente e que permanecia se transmutando, um crime que feriu e fere diversas pessoas.

O peso crescia e a história que eu precisava dar conta cresceria também. A Barbárie de Queimadas e suas consequências não haviam parado no tempo. Eu tinha perguntas e desfechos em aberto. Os culpados saíram para o regime semiaberto ou em liberdade, a guerra fria constante na cidade permaneceu, as cicatrizes também, e nada de muito novo surgiu. Mas eu estava profundamente enganado. Antes de receber o prêmio, uma atualização chocante da Barbárie já havia me surpreendido e outras ainda viriam.

Durante a divulgação do prêmio, muitas pessoas vieram falar comigo sobre o tema do livro. Junto à editora, decidi não revelar informações sobre o caso. Nos textos publicitários, o anúncio do prêmio era explicado com as seguintes palavras genéricas: "o projeto de um livro-reportagem sobre um feminicídio no agreste paraibano". Para amigos e familiares, revelei ser sobre o caso de Queimadas, até porque eles sabiam que eu trabalhava neste livro há um tempo. Para os outros, só fiz dizer que ainda estava apurando e era arriscado dar mais informações.

Mesmo fugindo da concessão de detalhes, cedi uma entrevista para o jornal *A União*, em que o jornalista Guilherme Cabral tentou pescar alguma informação a mais, porém me segurei e consegui omitir os detalhes deste feminicídio ou de onde ele ocorreu. Na matéria que saiu no dia 1º de outubro de 2020 nesse jornal, me surpreendi com a foto que eles escolheram para me divulgar. Uma foto antiga, que usei na orelha do meu primeiro romance, onde estou sentado com uma camisa preta, mão no queixo, na frente de uma parede cheia de manchas e traços vermelhos, simulando sangue. Tirei essa foto na casa de uma ex-namorada. Sempre curtira essa pintura abstrata que ela havia pintado porque combinava com os meus livros e o teor deles. Entretanto, ao ver essa foto para divulgar um livro sobre a Barbárie de Queimadas, um fato, uma história real, embrulhou o meu estômago. Embrulhou porque não havia culpados na escolha dessa foto, não sou culpado por ter tirado essa foto, mas ao mesmo tempo parece que todos somos culpados em estar fazendo isso. Divulgando um livro premiado sobre um crime real. Eu em estar escrevendo sobre uma violência que existiu e existe. Vocês em estarem lendo. Por que fazer isso?

No dia 18 de outubro, Jãmarri Nogueira publicou no site *Portal T5* uma matéria em que dizia que o meu livro tratava da Barbárie de Queimadas. Em nossa live, eu terminei por revelar que o tema era de fato esse. Falhei. Havia pouca audiência e pensei que ele não comentaria nada, mas me surpreendi ao vê-lo me mandar no dia seguinte o link com a matéria. Nela, a foto de divulgação era uma mão de mulher com tinta vermelha, simulando sangue. Provavelmente uma fotografia de alguma manifestação ou afins, talvez uma feita para "ilustrar" a Barbárie. Mas a foto também me abalou. Assim como a minha posando numa parede avermelhada. Por que fazer isso?

Logo percebi que a solução era não ruminar demais essas questões acerca do motivo do livro, e sim buscar fazer o meu melhor trabalho, seja lá o que isso significasse, e não se iludir: as consequências virão. Quer queiramos ou não. Luto para que este livro seja um documento que invada o real, tenha relevância, ajude o caso a ganhar mais mídia, que todos do Brasil conheçam a Barbárie de Queimadas. Mas, quando escrevemos algo com esse intuito, temos que entender que cada passo dado é uma mina prestes a explodir.

Em nossa live, respondi para a pergunta de Jãmarri que o escritor precisa ter empatia e humanidade, mesmo quando se escreve sobre temas difíceis. "Eu escrevo sobre temas difíceis, transgressores, mas se não colocar humanidade nisso, você será só um Datena da vida. Fora que a responsabilidade na não ficção vem triplicada."

O que seria essa humanidade? Essa responsabilidade? Diminuir os adjetivos, os exageros, a carga dramática de uma história? Expor os fatos, sem dar opinião, concebendo o famigerado mito da imparcialidade? Dizer que ama todos e todas, evitar ferir sentimentos, egos, pessoas? Transcrever com perfeição as falas dos entrevistados? Oportunista ou humano? Ou os dois? É possível ser os dois? É possível posar de escritor violento com uma história real e vendável nas mãos, contudo ser humano e responsável também? De que lado da linha estou, ou estamos? Pergunto-me, enquanto escrevo este livro, pesquiso, entrevisto, relato. A resposta, talvez, já esteja em nossa cabeça, o difícil é verbalizá-la. É possível escrever um livro desses sem botar a mão na lama, sem se sujar com todo o contexto, sem abraçar uma parede de sangue — real, não tinta —, sujar a mão com este mesmo sangue — real, não tinta —, e saber que faça o que fizer, você estará condenado a fazer parte desse lodo que só existe ao transportar a realidade para uma página em branco?

Não, não é possível.

Agradecimentos

A todas as famílias envolvidas diretamente neste caso, especialmente as de Izabella Pajuçara Frazão Monteiro e Michelle Domingos da Silva; Isânia Petrúcia Frazão Monteiro; Pryscila Frazão Monteiro; Bruno Pacelly; Deborah Viegas; Ramon Porto Mota; Ana Caline; Rodolpho de Barros; Mariah Benaglia; Laura Costa Miranda; Samara Maciel; Luana Melo; Mariana Travacio; María Sonia Cristoff; André Conti e editora Todavia.

E gostaria de agradecer também a todos e todas que colaboraram comigo de alguma forma, pois sem vocês este livro não seria possível. Muito obrigado.

© Bruno Ribeiro, 2023

Todos os direitos desta edição reservados à Todavia.

Grafia atualizada segundo o Acordo Ortográfico da Língua Portuguesa de 1990, que entrou em vigor no Brasil em 2009.

capa
Cristina Gu
composição
Lívia Takemura
preparação
Eloah Pina
checagem
Érico Melo
revisão
Paula Queiroz
Tomoe Moroizumi

Dados Internacionais de Catalogação na Publicação (CIP)

Ribeiro, Bruno (1989-)
 Era apenas um presente para o meu irmão: A Barbárie de Queimadas / Bruno Ribeiro. — 1. ed. — São Paulo : Todavia, 2023.

ISBN 978-65-5692-507-3

1. Reportagem. 2. Não ficção brasileira. I. Título.

CDD 070.4

Índice para catálogo sistemático:
1. Jornalismo 070.4

Bruna Heller — Bibliotecária — CRB 10/2348

todavia
Rua Luís Anhaia, 44
05433.020 São Paulo SP
T. 55 11. 3094 0500
www.todavialivros.com.br

fonte
Register*
papel
Pólen soft 80 g/m²
impressão
Geográfica